SOCIÉTÉ PHILHARMONIQUE

DE L'EURE, DE L'ORNE ET D'EURE-ET-LOIR.

DES ASSOCIATIONS MUSICALES

EN FRANCE

ET

DE LA SOCIÉTÉ PHILHARMONIQUE

DE L'EURE, DE L'ORNE ET D'EURE-ET-LOIR,

FONDÉE

PAR P.-L. AUBÉRY DU BOULLEY.

PUBLICATION DE LA SOCIÉTÉ PHILHARMONIQUE.

A VERNEUIL,

Chez Mme LAINÉ, libraire.

A DREUX,

Chez M. AUDIGER, libraire et Membre de la Société.

1839

DREUX. — IMPRIMERIE DE LEMENESTREL,
Imprimeur de la Société philharmonique.

AUX SOCIÉTÉS PHILHARMONIQUES.

Depuis quelques années l'art musical a pris en France un très grand développement, et chaque jour le goût s'en répand avec plus de rapidité. Il serait facile de citer beaucoup de villes où, à une époque encore peu éloignée, on pouvait à peine faire un quatuor, au sein desquelles il existe maintenant des sociétés philharmoniques qui exécutent, à grand orchestre, de l'harmonie, des symphonies et des chœurs.

Aujourd'hui la musique n'est plus envisagée comme un art de simple agrément et purement futile; les hommes graves lui donnent leur attention, la considèrent comme un élément de civilisation élevée, et les nouvelles lois la mettent au nombre des objets qu'il est utile d'enseigner dans l'éducation primaire, enfin elle entre chaque jour plus avant dans nos mœurs et nos habitudes, et par suite de cette impulsion on commence à organiser en France des associations musicales entre plusieurs villes, à l'instar de celles qui existent en Allemagne; il nous semble donc à propos d'examiner le bien que peuvent produire ces institutions, et ce qu'il convient de faire pour les propager et les consolider. Nous allons exposer nos idées à cet égard, en émettant le désir que des personnes plus éclairées traitent ce sujet et y répandent leurs lumières.

Quoiqu'on puisse, à la rigueur, organiser des associations musicales entre les villes où il n'existerait pas de sociétés philharmoniques, cependant ces sociétés offrent, pour cette organisation, d'immenses avantages ; elles sont, dans chaque ville, un centre de réunion qui facilite les répétitions, la correspondance, l'administration, et par ces motifs, elles sont surtout indispensables pour les villes où les fêtes doivent se célébrer (1). Sans cette ressource, quelle peine n'aurait-on pas à organiser un comité pour diriger l'association, à former un centre autour duquel puissent venir se grouper les personnes qui font moins habituellement partie des réunions musicales.

(1) L'association musicale des départemens de l'Eure, de l'Orne et d'Eure-et-Loir, a été formée sans le secours d'aucune société philharmonique. Cette association, qui a pris naissance dans le petit village de Grosbois (Eure), où il existait une excellente musique de cuivre, s'est étendue peu à peu, et le 22 novembre 1835, elle s'est définitivement constituée dans le bourg de Tillières, où s'étaient réunis les musiciens de Grosbois, Tillières, Nonancourt, Damville, Conches et Breteuil (Eure), Longny (Orne) et Brezolles (Eure-et-Loir). Les statuts ayant été imprimés, de nombreuses adhésions arrivèrent de toutes parts, et des sections furent aussi organisées dans les villes d'Évreux, Bernay, Beaumont-le-Roger, Verneuil et Pacy (Eure), Alençon, Mortagne, Séez, Belesme, l'Aigle, Gacé, Vimoutiers, Neuville-sur-Toucques, Saint-Pierre-la-Rivière, Survie et le Sap, (Orne); Chartres, Dreux, Courville, Authon, Nogent-le-Rotrou et Champrond (Eure-et-Loir). Cette association, connue sous le nom de Société philharmonique de l'Eure, de l'Orne et d'Eure-et-Loir, se compose de trente-deux sections et compte aujourd'hui près de cinq cents membres. Depuis sa fondation, elle a fait vingt-cinq réunions particulières et cinq réunions générales ; la première à Tillières, le 22 novembre 1835, où se trouvaient quatre-vingt-dix exécutans ; la seconde à Breteuil, le 10 juillet 1836, où s'étaient réunis deux cents musiciens; la troisième à Longny, le 13 novembre de la même année, 130 exécutans ; la quatrième à Évreux, le 10 juillet 1837, deux cent cinquante exécutans, et la cinquième à Mortagne, le 22 octobre suivant, cent exécutans. Aussitôt que la Société philharmonique fut organisée, une ligue de bas étage se forma pour repousser les bienfaits qu'elle pouvait produire ; mais en dépit de l'envie et malgré ses efforts, la Société grandit par les obstacles comme un torrent s'accroît par la digue même qu'on lui oppose.

Il n'est pas moins nécessaire que la société de chacune des villes où la fête doit avoir lieu, offre une masse d'exécutans en nombre suffisant pour former à eux seuls une assez grande partie de l'orchestre, afin d'inspirer de la confiance aux villes voisines, et de pouvoir au besoin se passer de quelques-uns des secours étrangers qui, malgré les précautions qu'on pourra prendre, auront toujours quelque chose d'éventuel.

C'est une erreur grave que de s'imaginer qu'un orchestre monté à grand frais et où ne figureraient que des artistes, pourrait remplir le but qu'on doit se proposer. Les amateurs ne doivent pas se renfermer dans un rôle purement passif, non seulement pour leur intérêt, mais je dirai plus, pour l'intérêt de l'art, ils doivent prendre à la solennité une part active ; c'est ainsi qu'ils acquéreront l'habitude de l'ensemble, d'une exécution ferme et assurée, et, s'ils sont animés de l'amour de l'art, ils pourront imprimer à la masse une énergie que n'ont pas toujours les personnes qui font leur état de la musique, fatiguées qu'elles sont de ce qu'il y a de fastidieux dans leur profession.

Il est très important de s'attacher à classer les exécutans, le mieux qu'il sera possible, dans l'intérêt de l'ensemble, et l'on doit fixer à l'avance la place de chacun pour éviter la confusion qui, en prolongeant les répétitions, amène l'ennui et le découragement ; cet ordre une fois arrêté, on veillera à ce qu'il soit observé rigoureusement, delà dépend en partie une bonne exécution. Lorsqu'on est toujours à la même place, à côté des mêmes personnes, on se soutient l'un l'autre, on est bien plus à l'aise, bien plus sûr de soi, et cette assurance tourne au profit de l'ensemble. La proportion à établir entre les diverses parties de l'orchestre mérite aussi la plus grande attention, car cette proportion, suivant qu'elle est bien ou mal calculée, rend l'effet satisfaisant ou incomplet, même en admettant pour l'un et l'autre cas une exécution également bonne. Enfin on devra se précautionner de suppléans pour les *soli*, autrement on s'exposerait à éprouver dans les derniers momens des embarras dont il serait peut-être difficile de sortir. C'est ici le lieu d'observer qu'il faut se résoudre à mettre les amours-propres de côté.

L'exécution doit-être préparée à l'avance par des répétitions partielles et nombreuses, non seulement dans la ville où se célébrera la fête, mais dans toutes les localités où on pourra les organiser. Les mouvemens seront facilement transmis au moyen du métronome. Après ces études et ces répétitions partielles, on réunira successivement les exécutans par groupe de plus en plus nombreux, jusqu'au moment où commenceront les répétitions générales. Pour diriger celles-ci et l'exécution, on devra faire choix d'un homme spécial, capable et entouré d'une confiance d'autant plus grande que ses devoirs sont étendus et difficiles à remplir. Il lui faudra une grande énergie jointe à beaucoup de présence d'esprit et à une patience à toute épreuve. Avec un orchestre d'artistes rétribués, on peut exiger le talent, l'attention, l'exactitude; mais lorsque l'orchestre est composé en grande partie d'amateurs, il faut souvent employer la prière, les supplications; il faut encourager le faible, stimuler le tiède, fixer l'attention des personnes distraites, et quand le chef d'orchestre est enfin parvenu à s'emparer de l'esprit de chacun, c'est alors qu'il doit, pour animer l'exécution et la colorer suivant la pensée de l'auteur, déployer toute la puissance d'entraînement dont il est susceptible. Tout cela ne se fait pas sans bien des peines et des fatigues, sans éprouver bien des contrariétés, et si celui qui est chargé de cette tâche ne fait pas toujours tout ce qu'on croirait pouvoir exiger de lui, il faut lui tenir compte des obstacles nombreux qu'il rencontre.

Des fêtes musicales ainsi organisées et dirigées ne peuvent manquer de produire de l'effet, et leur résultat dédommagera amplement de toute la peine qu'on aura prise. Elles offrent de nombreux avantages; elles rapprochent les hommes, elles tempèrent l'aigreur que laissent entre eux les discussions inséparables des grandes crises politiques, elles adoucissent les mœurs, et elles sont en outre d'un grand intérêt pour les villes où elles se célèbrent, par le concours nombreux d'étrangers qu'elles y attirent, et par les sommes considérables qu'elles font mettre en circulation. Et que faut-il pour fonder ces institutions? du zèle, de la persévérance, un amour de l'art dégagé de tout intérêt personnel et d'amour-propre, et si tout cela exige quelques sacrifices, n'en est-on pas amplement dédommagé par les jouissances si pures que l'on recueille?

Ce que je viens d'exposer doit exciter l'ardeur des localités où l'on peut entreprendre les choses bien plus au grand que nous ne l'avons fait. J'en sais plusieurs où il ne faut, pour réussir, qu'une volonté ferme et arrêtée. Réunissez-vous, que chacun apporte tout son zèle, et s'il vous manque quelque chose sous le rapport de l'habileté, vous l'obtiendrez par l'exercice. C'est, dit-on, à l'œuvre que l'on connaît l'homme, je réponds que c'est à l'œuvre qu'il se forme. Que le talent sans dévouement soit laissé à l'écart et en parade comme un beau meuble inutile. Pour soutenir votre courage, ayez toujours présent à la pensée que vous travaillez à la régénération de l'art musical en France, et bientôt notre beau pays n'aura plus rien à envier, sous le rapport de cet art divin, à ses voisins d'Allemagne et d'Italie.

SOCIÉTÉ PHILHARMONIQUE

DE L'EURE, DE L'ORNE ET D'EURE-ET-LOIR,

AUTORISÉE PAR MESSIEURS LES PRÉFETS DE CES TROIS DÉPARTEMENS, ET APPROUVÉE PAR M. LE MINISTRE DE L'INTÉRIEUR, PAR DÉCISION DU 7 JANVIER 1836.

STATUTS.

ART. 1er. Les amateurs de musique et artistes, habitans des départemens de l'Eure, de l'Orne et d'Eure-et-Loir, soussignés, se réuniront tous les ans dans celle des villes de ces départemens qui aura été désignée par eux, pour y exécuter ensemble les ouvrages de leur compatriote, Aubéry du Boulley, fondateur et président de la Société philharmonique. La Société a pour but l'encouragement et la propagation de l'art musical.

ART. 2. Toute ville, bourg ou village qui fournira au moins six musiciens en état d'exécuter leurs parties, comptera une section dans la Société philharmonique. Le chef de chaque section aura le titre de vice-président.

ART. 3. Tout membre de cette association paiera chaque année la somme d'un franc. Cette cotisation formera un fonds destiné à subvenir aux frais d'impression, de ports de lettres, etc., qui seront nécessaires lors des réunions de la Société philharmonique. Chaque année, le président rendra compte de l'emploi de ces fonds.

Art. 4. Ont participé, comme fondateurs de la présente association, messieurs les musiciens des villes et bourgs de Grosbois, Tillières, Nonancourt, Damville, Conches et Breteuil (Eure), Longny (Orne) et Brezolles (Eure-et-Loir).

Art. 5. Les amateurs et artistes des autres villes et bourgs de ces départemens seront invités à faire partie de la présente réunion.

Art. 6. Ce réglement sera soumis à l'approbation de messieurs les Préfets de l'Eure, de l'Orne et d'Eure-et-Loir, qui seront suppliés de vouloir bien accorder leur puissante protection à ce projet d'association, dont le but unique sera le progrès de l'art musical.

Fait à Tillières, le 22 Novembre 1835.

(Suivent les signatures).

Article additionnel. Ont adhéré aux présens statuts, messieurs les musiciens soussignés des villes et bourgs d'Évreux, Bernay, Beaumont-le-Roger, Verneuil et Passy (Eure); Alençon, Mortagne, Belesme, Séez, L'Aigle, Gacé, Vimoutiers, Neuville-sur-Touques, Saint-Pierre-la-Rivière, Survie et le Sap (Orne), Chartres, Dreux, Nogent-le-Rotrou, Authon, Courville et Champrond (Eure-et-Loir).

LETTRE DE M. LE PRÉFET DU DÉPARTEMENT DE L'EURE A M. AUBÉRY DU BOULLEY, PRÉSIDENT DE LA SOCIÉTÉ PHILHARMONIQUE.

Évreux, le 28 novembre 1835.

Monsieur,

Je ne puis que donner bien volontiers mon assentiment au projet que vous m'annoncez de fonder pour le département de l'Eure et les départemens circonvoisins une société philharmonique. Je suis persuadé que cette réunion donnera une nouvelle impulsion aux progrès de la musique dans notre pays. Les talens dont vous avez fait preuve vous assuraient des droits incontestables à la direction de cette Société. L'administration verra toujours avec plaisir toute association, qui aura pour but d'encourager les beaux arts et qui pourra contribuer à embellir nos fêtes nationales.

Recevez, monsieur, l'assurance de ma considération la plus distinguée.

Signé A. PASSY.

LETTRE DE M. LE PRÉFET D'EURE-ET-LOIR.

Chartres, le 8 janvier 1836.

Monsieur,

J'ai l'honneur de vous prévenir que M. le Ministre de l'intérieur, sur ma proposition, a approuvé les statuts de la Société philharmonique que vous m'avez demandé l'autorisation de former, et qui devra être commune aux départemens d'Eure-et-Loir, de l'Eure et de l'Orne ; je viens d'en informer mes collègues.

Recevez, monsieur, l'assurance de mes sentimens distingués.

Le Préfet d'Eure-et-Loir,

Signé GABRIEL DELESSERT.

STATUTS.

LETTRE DE M. LE PRÉFET DE L'ORNE.

Alençon, le 14 février 1836.

Monsieur,

Vous m'avez fait l'honneur de me demander mon assentiment pour rendre commune au département de l'Orne, en même temps qu'à ceux de l'Eure et d'Eure-et-Loir, la Société philharmonique que M. le Ministre de l'intérieur a autorisée par décision du 7 janvier dernier. Je ne puis qu'applaudir à la formation de cette Société qui doit contribuer utilement aux progrès de la musique dans cette contrée.

Recevez, monsieur, l'assurance de ma considération distinguée.

Le Préfet de l'Orne,

Signé DERVILLE MALÉCHARD.

LISTE GÉNÉRALE
DES MEMBRES DE LA SOCIÉTÉ.

P.-L. AUBÉRY DU BOULLEY,

PRÉSIDENT FONDATEUR,

A Grosbois, près Verneuil.

CHEFS DES SECTIONS.

VILLES.	NOMS.
EURE.	
Évreux.	PRÉVOST, chef de la musique de la Garde Nationale.
Bernay.	DERHEIMER (1re section).
Id.	LALONDE, chef de la musique (2e Section).
Beaumont.	DESSAUX, chef de la musique.
Conches.	PLAGELAT, chef de la musique.
Breteuil.	LENOIR, chef de la musique.
Verneuil.	AUBÉRY DU BOULLEY (Édouard).
Grosbois.	AUBÉRY DU BOULLEY (Adolphe), chef de la musique.
Tillières	FROISSANT, sous-chef de la musique.
Nonancourt.	DANTU, chef de la musique.
Damville.	COUTURIER, chef de la musique.
Pacy.	RIQUIER, chef de la musique.

VILLES.	NOMS.
ORNE.	
Alençon.	DOMINIQUE, chef de la musique.
Mortagne.	LEMIRAUX, chef de la musique.
Belesme.	MARCHAND, chef de la musique.
Séez.	AZIRE, chef de la musique du Séminaire.
Longny.	CALMBACHER, chef de la musique.
L'Aigle.	LECOMTE.
Gacé.	AZIRE, chef de la musique.
Vimoutiers.	HUARD, chef de la musique.
Neuville.	GOUBIN, chef de la musique.
Saint-Pierre.	SAVARY, chef de la musique.
Survie.	BAZOCHE, chef de la musique.
Le Sap.	LEVAVASSEUR, chef de la musique.
EURE-ET-LOIR.	
Chartres.	ROUSSETTE (1re section).
Id.	LANGLAIS, chef de la musique (2e section).
Dreux.	LEVAVASSEUR, chef de la musique.
Brezolles.	DE VALLEUIL, chef de la musique.
Courville.	LELOUP (Frédéric), chef de la musique.
Authon.	FORTRIT (Édouard), chef de la musique.
Nogent-le-Rotrou	DELALANDE.
Champrond.	BOUCHER.

MEMBRES.

Nos	NOMS.	VILLES.	DÉPARTEMt
1	AUBÉRY DU BOULLEY (Éd.)	*Grosbois.*	EURE.
2	AUBÉRY DU BOULLEY (Ad.)	»	»
3	AUBÉRY DU BOULLEY (Émile)	»	»
4	DESCORCHES DE Ste-CROIX.	»	»
5	DE Ste-CROIX (Charles).	»	»
6	DE Ste-CROIX (Albert).	»	»
7	CÉDILLE (Désiré).	»	»
8	RÉTOUT.	*Tillières.*	»
9	St-PIERRE (Aimé).	»	»
10	ROSSE (Jules).	»	»

N°s	NOMS.	VILLES.	DÉPARTEM⁵
11	FROISSANT.	*Tillières.*	EURE.
12	BOULANGER.	*Grosbois.*	»
13	HÉRON (François).	*Tillières.*	»
14	DROUET.	*Grosbois.*	»
15	LEROY.	*Tillières.*	»
16	ROSSE (François).	*Grosbois.*	»
17	GOMANT (Dominique).	*Tillières.*	»
18	BLAVETTE.	»	»
19	CÉDILLE (Robert).	*Grosbois.*	»
20	BIZOT.	*Tillières.*	»
21	DANTU.	*Nonancourt*	»
22	BLIN père.	»	»
23	BLIN fils.	»	»
24	A. REVEL-St-ANGE.	»	»
25	E. REVEL-St-ANGE.	»	»
26	CHAUVIN.	»	»
27	MONCEL (Anatole).	*Breteuil.*	»
28	DUPUIS.	»	»
29	LEMOINE.	»	»
30	PLAGELAT.	*Conches.*	»
31	LEVIEZ.	»	»
32	TERRIER.	»	»
33	HERVIEUX.	»	»
34	BESNARD.	»	»
35	LECLERC.	»	»
36	LÉCUYER.	»	»
37	COUTURIER père.	*Damville.*	»
38	COUTURIER fils.	»	»
39	VILLEDIEU.	»	»
40	CARMOIN.	»	»
41	DELHORME.	»	»
42	CALMBACHER, professeur.	*Longny.*	ORNE.
43	LUNOIS.	»	»
44	CASGRAIN.	»	»
45	LACROIX.	»	»
46	BONHOUR (Manuel).	»	»
47	LECOMTE.	»	»
48	DURANT.	»	»
49	DORET.	»	»
50	COESNON fils.	»	»
51	SOURCIN.	»	»
52	PINGUET aîné.	»	»
53	DE VALLEUIL.	*Brezolles.*	EURE-ET-L.

LISTE GÉNÉRALE

N^{os}	NOMS.	VILLES.	DÉPARTEM^s
54	LANGLAIS (Hippolyte).	*Brezolles.*	Eure-et-L.
55	GOY.	»	»
56	VIGNERON.	»	»
57	FRILOUP.	»	»
58	MARAIS.	»	»
59	BICHON (Amand).	»	»
60	GLATIGNY (Hyacinthe).	»	»
61	NIXON.	*Nonancourt*	Eure.
62	ALLARD.	»	»
63	CROCHARD.	»	»
64	DARAL.	»	»
65	AMELIN.	»	»
66	HERVIEUX.	»	»
67	ROUSSEL.	»	»
68	LOISEL.	»	»
69	DANTU (Hilaire).	»	»
70	LENOIR fils.	*Breteuil.*	»
71	MONCEL fils.	»	»
72	PRÉVOST.	»	»
73	HAMELIN.	»	»
74	POISSON.	»	»
75	AUBERT fils.	»	»
76	IMONT-GAUTHIER.	»	»
77	RUEL.	*Conches.*	»
78	GRIGY, professeur.	»	»
79	ROSSET.	»	»
80	DESSAUX aîné.	*Beaumont-*	»
81	HUE.	*le-Roger.*	»
82	DEHAYE.	»	»
83	CHEVALIER.	»	»
84	DESSAUX jeune.	»	»
85	TRIQUET.	»	»
86	BLOT.	»	»
87	MONGRUEL.	»	»
88	LECLERC.	»	»
89	HACHETTE.	»	»
90	GESLAIN.	*Belesme.*	Orne.
91	CHAZELLES père.	»	»
92	CHAZELLES fils.	»	»
93	TOUSSET.	»	»
94	CHONIFAIT.	»	»
95	PETIBERT.	»	»
96	BOTHEREAU.	»	»

N°s	NOMS.	VILLES.	DÉPARTEM^s
97	DUPONT.	*Belesme.*	ORNE.
98	TUFFIER.	»	»
99	D'HEURTAUMONT.	»	»
100	BRIÈRE.	»	»
101	GUÉRIN.	»	»
102	LEMAIRE	»	»
103	AZIRE (Marie-Jacques-Pierre).	*Gacé.*	»
104	GUESDON (Constant).	»	»
105	LÉPINE (Alexandre-Joseph).	»	»
106	LERONDEL (Louis-Frédéric).	»	»
107	AZIRE (Jules).	»	»
108	TIESSE (Jacques-Victor-Félix).	»	»
109	BERNIER (Jean-Alexandre).	»	»
110	QUÉNOL (Charles).	»	»
111	LOUVEL (Pierre).	»	»
112	CHAPEY (Michel).	»	»
113	FLEURY (Désiré).	»	»
114	DUBOS.	»	»
115	GUESDON (Germain).	»	»
116	BEAUMONT (Stanislas).	»	»
117	BLOT (Victor).	»	»
118	THIBOUT (Antoine).	»	»
119	LERONDEL (Pierre).	»	»
120	DESPRES (Louis).	»	»
121	PARENT (Eugène).	»	»
122	CHÉRON (Édouard).	»	»
123	ALMIRE (Thomas).	»	»
124	DESPRES (Victor).	»	»
125	MOUTIER (Hippolyte).	»	»
126	LEVAVASSEUR, professeur.	*Dreux.*	EURE-ET-L.
127	DELLIÉ.	»	»
128	AUDIGER.	»	»
129	LEROUX.	»	»
130	MAILLARD.	»	»
131	RENOUARD.	»	»
132	LEMENESTREL.	»	»
133	HERTMANS.	»	»
134	DERHEIMER.	*Bernay.*	EURE.
135	FOUENARD.	»	»
136	FOCET jeune.	»	»
137	VALMONT.	»	»
138	VY (Émile).	»	»
139	OZANNE jeune.	»	»

N.os	NOMS.	VILLES.	DÉPARTEM.s
140	GOYER.	*Bernay.*	EURE.
141	PETIT.	»	»
142	PICQUENOT.	»	»
143	FLEURY.	»	»
144	PELVEY-DESNOES.	»	»
145	DUVAL.	»	»
146	BRUSLÉ.	*Evreux.*	»
147	PEUDEFER.	»	»
148	PRESSOU.	»	»
149	PRÉVOST, professeur.	»	»
150	NOURY.	»	»
151	OURY.	»	»
152	MEMOTZ.	»	»
153	FESSARD.	»	»
154	RENOULT (Victor), professeur.	»	»
155	LECOMTE (Séraphin).	»	»
156	CHAMPION jeune.	»	»
157	GRÉNONVILLE.	»	»
158	PERRIER.	»	»
159	SOURDON.	»	»
160	FAUCHON.	»	»
161	CHAUVET.	»	»
162	CHÉVREAUX.	»	»
163	ROSSET.	»	»
164	THIRROUIN (Arthur).	»	»
165	DOMINIQUE père, professeur.	*Alençon.*	ORNE.
166	DOMINIQUE fils, professeur.	»	»
167	ROUGEOLLE.	*Elbeuf.*	SEINE-INF.
168	ROUSSETTE, professeur.	*Chartres.*	EURE-ET-L.
169	LANGLAIS, professeur.	»	»
170	GAIN (Léon).	*Breteuil.*	EURE.
171	ABROUTY.	*Damville.*	»
172	SOUILLARD.	»	»
173	LETELLIER.	*Evreux.*	»
174	DAMIENS.	»	»
175	VAVASSEUR.	»	»
176	DESORMEAUX.	»	»
177	MASSOT.	»	»
178	GOUILLARD.	»	»
179	BOURSIER.	»	»
180	LALONDE.	*Bernay.*	»
181	LE RENARD-LA-VALLÉE.	»	»
182	BISSON aîné.	»	»

N°s	NOMS.	VILLES.	DÉPARTEMˢ
183	BISSON jeune.	Bernay.	EURE.
184	HOURSEL.	»	»
185	TOUZEAU.	»	»
186	HOURDEY.	»	»
187	RICARD, professeur.	»	»
188	MALBRANCHE.	»	»
189	ROUVREL.	»	»
190	VOLTIER.	»	»
191	CAUVIN.	»	»
192	LAVENAS.	»	»
193	VIVIER.	»	»
194	PORÉE.	»	»
195	CAUVIN (Benjamin).	»	»
196	LEFÈVRE, professeur.	Mortagne.	ORNE.
197	PITOT.	»	»
198	ROGER.	»	»
199	LEMIRAUX.	»	»
200	L'HUE.	»	»
201	GUÉRIN.	»	»
202	BOSCHEROT.	»	»
203	PINARD.	»	»
204	RONDEL.	»	»
205	REPASSIN fils.	»	»
206	ALEXANDRE.	»	»
207	BIENAIMÉ.	Verneuil.	EURE.
208	DUTEILLEUR.	»	»
209	CHÉRON jeune.	»	»
210	HEUZÉ.	»	»
211	PESCHET.	»	»
212	TOLMER.	Longny.	ORNE.
213	CHARDON.	»	»
214	COESNON père.	»	»
215	CHATEAU.	»	»
216	BRÉMON.	»	»
217	PINGUET jeune.	»	»
218	PINGUET (Armand).	»	»
219	MURGUE.	Conches.	EURE.
220	THUILEAU.	»	»
221	RENAULT.	Breteuil.	»
222	HUARD jeune.	Vimoutiers	ORNE.
223	LAMY-GOMBAULT.	Verneuil.	EURE.
224	BRÉDIF.	L'Aigle.	ORNE.
225	BOUCHER (Constant).	Champrond	EURE-ET-L.

N°	NOMS.	VILLES.	DÉPARTEM^s
226	HÉBERT (Albert).	*Elbeuf.*	Seine-Inf.
227	GODRIES.	*Mortagne.*	Orne.
228	GIRARD.	»	»
229	CHALINES (Louis).	»	»
230	JULIEN (Hyacinthe).	»	»
231	CHEVALLIER (Armand).	»	»
232	LEVAVASSEUR.	*Le Sap.*	»
233	GARREAU.	*Champrond*	Eure-et-L.
234	VATTIER.	*Ferté-V id.*	»
235	RAGOT.	*Breteuil.*	Eure.
236	NOBLET aîné, luthier de la Société pour les instrum. en bois.	*La Couture*	»
237	BOUDIN-BLONDEL, corresp.	*Bernay.*	»
238	BOYARD fils.	*Nonancourt.*	»
239	HOUDOUARD.	*Emanville.*	»
240	LELOUP (Frédéric), professeur.	*Courville.*	»
241	BIDAULT.	*Chartres.*	Eure-et-L.
242	GUÉNÉE.	»	»
243	CHARPENTIER-CELLOT.	»	»
244	DUCHON.	»	»
245	BOUCHER.	»	»
246	CHÉRON.	»	»
247	RIVAUD.	»	»
248	HOYAU.	»	»
249	PARFAIT.	»	»
250	BROQUET.	»	»
251	MÉTRÉ aîné.	»	»
252	MÉTRÉ jeune.	»	»
253	MORIN.	»	»
254	GOUPILLON.	»	»
255	FOREAU.	»	»
256	THIBAUT.	»	»
257	LEGAY.	»	»
258	FOURNIER (Edmond).	*Courville.*	»
259	MASSON.	»	»
260	MONTEL.	»	»
261	LELOUP père.	»	»
262	LELOUP (Ferdinand).	»	»
263	PETITEN.	*La Loupe.*	»
264	QUÉNOL (Frédéric).	*Gacé.*	Orne.
265	THOMAS (Alfred).	»	»
266	MESLIN (Pierre).	»	»
267	PICHONNIER.	*Vimoutiers*	»

Nos	NOMS.	VILLES.	DÉPARTEMᵗ
268	VAUCANU-MILCENT, profess.	*Vimoutiers*	ORNE
269	HUE.	»	»
270	CRESPIN-LARIVIÈRE.	»	»
271	HUARD aîné.	»	»
272	MÉRANTIER.	»	»
273	BOUTIGNY.	»	»
274	FILOCHE.	»	»
275	FORTIN.	»	»
276	GOMOND père.	»	»
277	CHAMPROUX.	»	»
278	VAUCANU (Germain).	»	»
279	SOUTIF.	»	»
280	LEROY.	»	»
281	LETELLIER.	»	»
282	GOMOND fils.	»	»
283	BRION.	»	»
284	PROVOST.	»	»
285	FONTENEL.	»	»
286	FRENAY.	»	»
287	DAVERNE.	»	»
288	LEROY, professeur.	*Lisieux*.	CALVADOS.
289	DE LA TOUCHE.	*L'Aigle*.	ORNE.
290	LECOMTE.	»	»
291	PILLARD, correspondant.	*Tours*.	IND-ET-L.
292	RIDRAY.	*Verneuil*.	EURE.
293	BONNEL, loueur de musique et d'instrumens pour la Société philharmonique.	*Rouen*.	SEINE-INF.
294	LEVAVASSEUR.	*L'Aigle*.	ORNE.
295	DULONG.	*Alençon*.	»
296	FORTRIT (Édouard), professeur.	*Authon*.	EURE-ET-L.
297	DESLANDES.	*Verneuil*.	EURE.
298	DUVERNEY, correspondant.	*Vire*.	CALVADOS.
299	LEROY (Michel).	*Vimoutiers*	ORNE.
300	RICHAULT, marchand de musique de la Société.	*Paris*.	SEINE.
301	MÉNAND.	*Verneuil*.	EURE.
302	COLLIN.	*L'Aigle*.	ORNE.
303	DUVERGER, correspondant.	*Paris*.	SEINE.
304	DELALANDE.	*Nog-le-Rot*.	EURE-ET-L.
305	LETELLIER (René).	*Le Sap*.	ORNE.
306	THOMAS (Nicolas).	»	»
307	FOUQUET.	»	»

N°	NOMS.	VILLES.	DÉPARTEM^s
308	ROUTIER.	Le Sap.	ORNE.
309	LETELLIER (François).	»	»
310	HERRIER (Lisandre).	»	»
311	AURY.	»	»
312	DELAVILLE.	»	»
313	JULLIENNE.	»	»
314	BLOT.	»	»
315	DUVAL.	»	»
316	LETELLIER (Nicolas).	»	»
317	DE BONNEVAL.	»	»
318	GOUBIN.	Neuville.	»
319	HUREL.	»	»
320	COURCIÈRE.	»	»
321	BRISSET.	»	»
322	DESCHAMPS.	»	»
323	PETIT.	»	»
324	CHAPPEY.	»	»
325	BAZOCHE.	»	»
326	POIDVIN.	»	»
327	CALOUET.	»	»
328	GOUPY.	»	»
329	RIVIÈRE.	»	»
330	FOURQUENSIN.	»	»
331	SAVARY.	St-Pierre.	»
332	BAZOCHE (François).	»	»
333	GÉRARD.	»	»
334	CHÉRON.	»	»
335	BESNARD.	»	»
336	GONQUET.	»	»
337	RIVIÈRE-ARCANDE.	»	»
338	HAMARD-COLIN.	»	»
339	BOUCHER.	»	»
340	BOUTRON.	»	»
341	LE NEVEU.	»	»
342	LAFFILLEY.	»	»
343	HAMARD (Pierre.)	»	»
344	MOULIN.	»	»
345	RIVIÈRE (Arsène.)	»	»
346	KRUMÈS.	Vimoutiers.	»
347	TRAMBLAY, correspondant.	Auch.	GERS.
348	DARDE, correspondant.	Vitré.	ILLE-ET-V.
349	PIGET.	L'Aigle.	ORNE.
350	POLLET, dir. de l'Institut music.	Orléans.	LOIRET.

Nos	NOMS.	VILLES.	DÉPARTEM.s
351	BRUSLARD.	Nog-le-Rot.	Eure-et-L.
352	JACQUINOT, chef de l'école de chant à	Nuits.	Côte-d'Or
353	DURVI.	Dreux.	Eure-et-L.
354	FOUCHER.	Grosbois.	Eure.
355	DESPRÉAUX aîné.	Tillières.	»
356	DESPRÉAUX jeune.	»	»
357	GLAÇON.	»	»
358	DÉDOUIT.	»	»
359	AZIRE, chef de la musique du Séminaire.	Séez.	Orne.
360	LE CORNU (Pierre).	»	»
361	DROUÈRE.	»	»
362	RICHARD.	»	»
363	BLAIS.	»	»
364	DUTAILLIS.	»	»
365	PRIMOIS.	»	»
366	LEFÈVRE.	»	»
367	DE MOLORÉ.	»	»
368	LECORNU (Charles).	»	»
369	PERRIER.	»	»
370	FOURNIER.	»	»
371	GATRY.	»	»
372	BUFFARD.	»	»
373	QUENTIN.	»	»
374	COISEL.	»	»
375	SCARD, professeur.	Caen.	Calvados.
376	MILLINGRE, professeur.	Évreux.	Eure
377	RENOULT DES ORGERIES.	Champeaux	Orne.
378	LAINEY.	Neuville.	»
379	GAUTHIER (Jean).	»	»
380	MALFILATRE.	»	»
381	TROUSSEL.	Rouen.	Seine-Inf.
382	DABANCOURT.	La Loupe.	Eure-et-L.
383	DALLIÉ.	Nog-le-Rot.	»
384	SOUCHEZ fils.	L'Aigle.	Orne.
385	YVON (Adolphe).	Bémécourt.	Eure.
386	HARDOUME.	Chartres.	Eure-et-L.
387	DE LA BRETONNIÈRE (Ortaire).	Bernay.	Eure.
388	DE LA BRETONNIÈRE (Jules).	»	»
389	DE LAVAL (Pierre).	»	»
390	HÉBERT.	»	»
391	LE TELLIER-VALLÉE.	Évreux.	»

N°s	NOMS.	VILLES.	DÉPARTEM⁺
392	DUBOIS père.	Évreux.	Eure.
393	DUBOIS fils.	»	»
394	PÉRIAL.	»	»
395	BARDEL.	»	»
396	DELACROIX.	»	»
397	DESLANDES.	»	»
398	DUBREUIL.	»	»
399	CHASSANT.	»	»
400	LA LANDE.	Brionne.	»
401	GUILLOIS.	Mortagne.	Orne.
402	PITOT fils.	»	»
403	MAZIER aîné, correspondant.	L'Aigle.	»
404	MAZIER jeune, correspondant.	»	»
405	RICHER.	»	»
406	BAZIN.	»	»
407	ROUSSEL.	»	»
408	ROUX (Émile).	»	«
409	BOUCHER.	Mortagne.	»
410	SAUVAGE, professeur, chef de la musique.	Lisieux.	Calvados.
411	BRODART.	Beaumont-le-Roger.	Eure.
412	LE ROY, correspondant.	»	»
413	AUBÉ (Bernard), idem.	»	»
414	DUQUESNAY, idem.	»	»
415	AUBÉ (Eugène), idem.	»	»
416	DE LA BRUYÈRE, idem.	»	»
417	CAUCHOIS, idem.	»	»
418	DUVAL-DUMESNIL, idem.	»	»
419	LE BON, idem.	»	»
420	PICARD (Auguste), idem.	»	»
421	DE REYNAL, idem.	»	»
422	DE CORNIÈRE.	Bernay.	»
423	DE ROUGEMONT.	»	»
424	GAMBARO, facteur de la Société pour les instrumens de cuivre.	Paris.	Seine.
425	THIÉVIN.	Bernay.	Eure.
426	JOUAS DE THIBERVILLE.	»	»
427	OZANNE aîné.	»	»
428	PERRIER DE MONDONVILLE, correspondant.	Breteuil.	»
429	LECHANGEUR, correspondant.	Tillières.	»
430	RICQUIER.	Pacy-sur-Eure.	»
431	LANGLOIS.		»

N°s	NOMS.	VILLES.	DÉPARTEM^s
432	CHATEL.	Pacy-sur-Eure.	EURE.
433	MARCHAND.	Eure.	»
434	ISAMBART (L.)	»	»
435	LE TELLIER.	»	»
436	GUERRIER.	»	»
437	ISAMBART (J.-B.)	»	»
438	MULOT.	»	»
439	ISAMBART (A.)	»	»
440	HUBERT (Ernest).	Bernay.	»
441	DESFONTAINES.	»	»
442	MIREY.	»	»
443	LE SUEUR, chef de musique.	Brionne.	»
444	BAIL (Henri), correspondant.	Mortagne.	ORNE.
445	RÉGIMBART.	Évreux.	EURE.
446	VAURABOUR.	»	»
447	LE TELLIER D'ORVILLIERS.	»	»
448	BOCCANTIN.	»	»
449	COCAIGNE.	»	»
450	BOUTIGNY.	»	»
451	BEAUCHET.	»	»
452	ZAVISKY, professeur.	»	»
453	LANOE, correspondant.	Courteilles.	EURE.
454	MARCHAND.	Belesme.	ORNE.
455	TRISTANT.	Pacy-sur-Eure.	EURE.
456	VIRET.	»	»
457	BOUDEVILLE.	»	»
458	VESQUES.	Tillières.	»
459	BOTTIN.	Longny.	ORNE.
460	DIAKOUSKY (Vincent).	»	»
461	ROMET, correspondant.	Verneuil.	EURE.
462	FLEUTIAUX.	Dreux.	EURE-ET-L.
463	SIMON.	»	»
464	JÉROME.	»	»
465	GUILMET.	»	»
466	PELLETIER fils.	»	»
467	BELLE.	»	»
468	COISPLET.	»	»
469	VIGNERON.	»	»
470	ROUSSEAU.	»	»
471	LEGOUX.	»	»
472	BELLAMY.	»	»
473	SAFRAY (Victor-Henri).	Tillières.	EURE.
474	BIZOT (Paul).	»	»

N°s	NOMS.	VILLES.	DÉPARTEM^s
475	BERTIN, membre correspondant.	*Évreux.*	Eure.
476	ROCHER fils.	*Bernay.*	»
477	MARIE (Auguste).	»	»
478	RATEL.	»	»
479	RENAULT (Adolphe).	*Alençon.*	Orne.
480	GATECLOUP dit BELLECROIX fils.	»	»
481	CASPER, facteur de pianos.	*Paris.*	Seine.
482	CHEVARD.	*Chartres.*	Eure-et-L.
483	BICHOT.	*Bernay.*	Eure.
484	CHALINE (Modeste).	*Nonancourt*	»
485	PELVEY.	»	»

NOTICE BIOGRAPHIQUE

SUR

P.-L. AUBÉRY DU BOULLEY,

PRÉSIDENT-FONDATEUR DE L'ASSOCIATION MUSICALE,

PAR F.-J. FÉTIS,

MAITRE DE CHAPELLE DU ROI DES BELGES ET DIRECTEUR DU
CONSERVATOIRE DE BRUXELLES.

AUBÉRY DU BOULLEY (Prudent-Louis), né à Verneuil (département de l'Eure), le 9 décembre 1796, eut, pour premier maître de musique, son père, qui était bon musicien. À l'âge de cinq ans, il était déjà assez instruit pour lire toute espèce de musique à livre ouvert; à dix ans, il était assez habile sur la flûte et sur le cor pour jouer sur ces instrumens des concerto difficiles. Après avoir reçu quelques leçons d'harmonie, il écrivit, à l'âge de onze ans, des marches et des pas-redoublés qui furent exécutés par la musique de la ville. En 1808, M. AUBÉRY DU BOULLEY fut envoyé à Paris pour y continuer ses études musicales. il eut d'abord pour professeur de composition M. Momigny; ensuite Mehul et M. Cherubini perfectionnèrent ses connaissances. Le Conservatoire de musique ayant été fermé en 1815, M. AUBÉRY DU BOULLEY retourna à Verneuil, où il se maria. Rempli du plus vif enthousiasme pour la musique, il saisissait alors toutes les occasions de coopérer aux concerts qui étaient donnés par les artistes et les amateurs dans les villes qui environnent Verneuil, telles qu'Évreux, Vernon, Dreux, etc. Jusqu'en 1820, la musique n'avait été qu'un plaisir pour lui; mais à cette époque il en fit sa profession. Malgré la multiplicité de ses occupations, il trouvait le temps d'écrire; c'est ainsi qu'il fit, en 1824, la musique d'un opéra intitulé : *les Amans querelleurs*, qui fut reçu à l'Opéra-Comique. M. AUBÉRY DU BOULLEY écrivit aussi dans le même temps beaucoup de musique instrumentale, qui parut chez différens éditeurs de Paris.

Une maladie de poitrine, dont les symptômes étaient graves, obligea M. Aubéry du Boulley à renoncer à l'enseignement de la musique, en 1827, à se retirer à la campagne (à Grosbois près Verneuil) et à s'y livrer à l'agriculture. La nouvelle direction qu'il venait de donner à sa vie ne lui fit cependant point oublier la musique. Il consacra ses loisirs à la rédaction d'une méthode d'enseignement qu'il publia en 1830, sous le titre de *Grammaire musicale*. L'organisation de la garde nationale dans toute la France lui fournit à cette époque l'occasion de former à Verneuil un corps de musique militaire de 40 musiciens, et de ranimer le goût de la population pour l'art musical. L'heureux essai qu'il avait fait en cette circonstance de sa méthode d'enseignement lui suggéra l'espoir d'en faire une application utile jusque dans les moindres villages, et le hameau qu'il habite fut le premier où il en fit l'essai. Sa persévérance a été couronnée par le succès; des corps de musique de cuivre et d'harmonie ont été successivement organisés dans les villes environnantes, dans les bourgs de Brezolles et de Tillières, et enfin dans le petit village de Grosbois, où il y a maintenant une excellente musique composée de six bugles, quatre cornets à pistons, quatre trombonnes, deux buccins, deux ophicléides alto, quatre ophicléides basses et deux caisses à timbre; de simples paysans sont devenus des artistes. C'est un service réel rendu à l'art et aux populations que cette propagation du goût de la musique et des connaissances qui y sont relatives.

(*Extrait de la Biographie universelle des musiciens, tome 1er, page 137. Paris, librairie de* H. Fournier, *rue de Seine, n° 14, 1835. L'ouvrage complet, 8 volumes, prix : 60 francs*).

RÉUNIONS

QUI ONT EU LIEU DEPUIS LA FONDATION DE LA SOCIÉTÉ PHILHARMONIQUE.

1834.

PREMIÈRE RÉUNION.

Le 5 Avril. Réunion préparatoire à Grosbois (Eure) entre les musiques de Grosbois, Tillières et Nonancourt.

DEUXIÈME RÉUNION.

Le 1er Mai. Réunion préparatoire à Brezolles (Eure-et-Loir) entre les musiques de Brezolles, Tillières et Grosbois.

TROISIÈME RÉUNION.

Le 1er Juin. Réunion préparatoire à Grosbois entre les musiques de Grosbois, Tillières et Nonancourt.

QUATRIÈME RÉUNION.

Le 21 Septembre. Réunion prépararoire à Longny (Orne) entre les musiques de Longny, Grosbois et Tillières.

CINQUIÈME RÉUNION.

Le 23 Novembre. Réunion préparatoire à Tillières (Eure) entre les musiques de Grosbois, Tillières, Brezolles et Damville.

1835.

SIXIÈME RÉUNION.

Le 5 Avril. Réunion préparatoire à Grosbois entre les musiques de Grosbois, Tillières, Longny et Nonancourt.

SEPTIÈME RÉUNION.

Le 21 Juin. Réunion préparatoire à Grosbois entre les musiques de Grosbois, Tillières et Longny.

HUITIÈME RÉUNION.

Le 15 Août. Réunion préparatoire à Tillières entre les musiques de Grosbois, Tillières et Brezolles.

NEUVIÈME RÉUNION.

CONSTITUTION DE LA SOCIÉTÉ. — LE 22 NOVEMBRE, RÉUNION GÉNÉRALE. —— FÊTE MUSICALE DE TILLIÈRES.

Compte-Rendu.

A l'exemple des départemens du Nord et de l'Alsace, les départemens de l'Eure, d'Eure-et-Loir et de l'Orne viennent de montrer à la France qu'ils peuvent rivaliser avec l'Allemagne par le talent des amateurs de ces départemens; le même zèle, la même cordialité s'y trouvent : avec cela, peu d'années suffiront pour mettre l'art musical dans un état florissant parmi nous, si les autres départemens de la Normandie instituent des fêtes semblables à celle qui vient d'avoir lieu à Tillières. Pour arriver à un pareil résultat, il est nécessaire que les Sociétés philharmoniques se multiplient, et qu'elles établissent entre elles des communications actives, dont le but unique sera le progrès de l'art. Nous espérons que le compte-rendu de cette solennité musicale fera naître partout cette noble émulation.

Le nombre total des exécutans s'est trouvé de quatre-vingt-dix. Cette brillante réuion était toute composée d'amateurs des villes et bourgs de Nonancourt, Damville, Conches, Breteuil (Eure), Brezolles (Eure-et-Loir) et Longny (Orne), qui s'étaient rendus à l'appel qui leur avait été fait par les amateurs de Tillières et Grosbois. Un ensemble parfait, et tel qu'il était difficile de l'attendre d'une réunion d'amateurs, brilla dans l'exécution des morceaux de musique composés spécialement pour cette fête par M. AUBÉRY DU BOULLEY qui a dirigé l'orchestre. Un toast fut porté en son honneur dans le banquet qui suivit le concert, et le lendemain, la musique de fanfares, qui était nombreuse et brillante, se rendit à sa maison de campagne, à Grosbois, pour lui donner une sérénade.

Tels ont été la composition et le succès de cette fête musicale, qui avait attiré dans le petit bourg de Tillières plus de quatre mille étrangers, et qui laissera des traces dans la mémoire des habitans de l'Eure, de l'Orne et d'Eure-et-Loir.

Espérons que cette première réunion musicale aura, dans l'intérêt de l'art, des résultats plus remarquables encore, et qui seront d'autant plus précieux pour les habitans des villes et bourgs sus-nommés, qu'ils seront dus principalement à tout ce qu'ils ont fait pour assurer la réussite d'un projet qui honore autant leur patriotisme que leur talent.

Après le banquet, les sociétaires présens ont arrêté définitivement les statuts de la Société philharmonique. Les amateurs et artistes des autres villes et bourgs des départemens de l'Eure, de l'Orne et d'Eure-et-Loir seront invités à faire partie de cette réunion, dont le but et la nature sont exprimés de la manière suivante :

Les amateurs de musique et les artistes habitans des départemens de l'Eure, de l'Orne et d'Eure-et-Loir, soussignés, se réuniront tous les ans dans celle des villes de ces départemens qui aura été désignée par eux, pour y exécuter ensemble les ouvrages de leur compatriote Aubéry du Boulley, fondateur et président de la Société philharmonique.

L'association a pour but l'encouragement de l'art musical.

1836.

DIXIÈME RÉUNION.

Le 5 Avril. Réunion particulière à Grosbois entre les sections de Grosbois, Tillières, Longny et Nonancourt.

ONZIÈME RÉUNION.

Le 1er Mai. Réunion particulière à Conches entre les sections de Conches, Damville, Tillières et Grosbois.

LE PRÉFET DE L'EURE, A M. AUBÉRY DU BOULLEY, PRÉSIDENT DE LA SOCIÉTÉ PHILHARMONIQUE DE L'EURE, DE L'ORNE ET D'EURE-ET-LOIR.

Évreux, le 4 mai 1836.

Monsieur,

J'apprends avec plaisir les succès de votre association musicale. Vous ferez une chose qui me sera fort agréable que de m'informer des progrès que fera votre Société; je ne doute pas que vos talens et votre zèle pour les beaux-arts ne donnent un heureux développement à votre création.

Agréez, monsieur, l'assurance de mes sentimens les plus distingués.

Signé A. PASSY.

DOUZIÈME RÉUNION.

Le 28 Mai. Réunion particulière à Grosbois entre les sections de Grosbois, Tillières, Breteuil et Longny.

TREIZIÈME RÉUNION.

LE 10 JUILLET, RÉUNION GÉNÉRALE. — FÊTE MUSICALE DE BRETEUIL.

Compte-Rendu.

Le Dimanche 13 juillet, les membres de la Société philharmonique, qui se compose des principales musiques de l'Eure, de l'Orne et d'Eure-et-Loir, se sont réunis dans la ville de Breteuil (Eure), sous la direction de M. AUBÉRY DU BOULLEY, président et fondateur de cette société. Cette réunion était composée d'artistes et d'amateurs des villes et bourgs d'Évreux, Nonancourt, Damville, Bernay, Beaumont-le-Roger, Conches, Breteuil, Verneuil, Tillières et Grosbois (Eure), Chartres, Dreux et Brezolles (Eure-et-Loir), Gacé, Longny, Mortagne et Bellesme (Orne).

Un ensemble parfait, et tel qu'on ne s'attendait point à l'obtenir d'une réunion d'amateurs, a été remarqué dans l'exécution des morceaux, composés spécialement par M. AUBÉRY DU BOULLEY, qui dirigeait l'orchestre. Le *festival* a été suivi d'un banquet après lequel tous les convives se sont dirigés vers la promenade, où plusieurs quadrilles de contredanses ont été fort bien exécutés. Le lendemain, dès le matin, les clairons sonnaient le réveil, les tambours battaient le rappel, et chacun se rendait sur la grande place, où, après un morceau d'ensemble exécuté en commun, on s'est séparé en prenant l'engagement de se retrouver à la prochaine convocation. C'est ainsi que s'est terminée cette brillante fête musicale, qui avait attiré dans la ville de Breteuil plus de quinze mille étrangers.

(*Extrait du journal* LE TEMPS, *du* 21 *juillet* 1836).

FEUILLETON DU JOURNAL DES DÉBATS DU 18 SEPTEMBRE 1836.

Des progrès de l'enseignement musical en France.

Si le mouvement extraordinaire qu'on remarque en ce moment dans l'enseignement musical, tant à Paris qu'en province, se soutient pendant une vingtaine d'années seulement, une immense et belle révolution se sera accomplie dans nos mœurs, si barbares encore à l'heure qu'il est, en tout ce qui concerne l'art des sons. Cette inculpation de barbarie va peut-être révolter bien des gens et m'attirer le reproche de pédantisme ; il me sera pourtant facile de la motiver. L'ignorance des premiers principes d'un art, l'inaptitude à en ressentir les effets et l'indifférence pour sa puissance, suffisent-elles pour constituer la barbarie sous ce rapport ? Je pense qu'on le contesterait difficilement. Il ne s'agit donc que de fournir la preuve évidente de ce défaut de culture et d'affections musicales dans la masse de la nation, pour me disculper de l'avoir aussi sévèrement jugée. Au point où l'art est aujourd'hui parvenu, nous ne pouvons guère compter en Europe que cinq genres de musiques : la musique religieuse, la musique dramatique, la musique de concert, la musique de chambre et la musique militaire.

Il y a trente ans à peine, le nombre considérable des maîtrises entretenues dans les principales villes de France témoignait de l'existence d'un art religieux, fort imparfait sans doute, et bien loin de la sublimité de son objet, mais en voie apparente de progrès, cependant, et propre à faire concevoir des espérances raisonnables. Plusieurs compositeurs, aujourd'hui célèbres, sont sortis des maîtrises de provinces et dûrent leur première éducation aux organistes souvent distingués qui les dirigeaient. Le Sueur, Méhul et Boyeldieu sont dans ce cas. Ce qu'on appelle aujourd'hui *maîtrise* dans les quelques églises où l'on croit cultiver l'art musical, n'est vraiment pas digne de ce nom ; il suffit, pour s'en convaincre, d'entendre aux jours de fête les pauvres enfans auxquels on prétend enseigner le chant choral. Paris même ne saurait revendiquer à cet égard une bien grande supériorité sur les provinces. La maîtrise de Notre-Dame est dans le délabrement le plus pitoyable, et si de temps en temps la musique se montre timidement aux grandes cérémonies de Saint-Roch et de Saint-Eustache, grâce aux concours accidentels de quelques artistes du dehors, le mauvais choix des compositions, la manière plus qu'imparfaite dont elles sont exécutées, et la couleur toujours plus ou moins profane de l'ensemble, font assez voir que les ordonnateurs, prêtres ou laïques, de ces réunions, n'ont pas le moindre sentiment de l'art en général, et ignorent absolument les conditions de la musique religieuse en particulier. Un certain monde ira à Saint-Roch à certains jours, parcequ'*on y fera de la musique*, et qu'on sait que, parmi les concertans, le héros de la contredanse, l'aide-de-camp de Musard, le cornet à pistons enfin, brillera au premier rang.

La chapelle royale n'existe plus, l'école de Choron n'existe plus ; en somme, Paris est aujourd'hui aussi dépourvu que la province d'institutions musicales religieuses. Les causes de la décadence, ou pour mieux dire, de l'anéantissement de celles qui existaient, doivent être attribuées autant à nos agitations politiques et au refroidissement de la foi catholique, qu'à l'éloignement réel que montrent la plupart des membres du haut clergé pour l'art musical. Ils dépenseront des sommes considérables pour orner l'intérieur de leurs églises ; ils acheteront des tableaux, ils paieront même fort cher pour l'orgue, parceque ce bel instrument rentre dans la catégorie des ornemens, mais ce n'est qu'à contre-cœur qu'ils auront un organiste. Pour une école de chant, pour des choristes, il n'en faut pas parler, *cela coûte trop cher*. Il semble que ces messieurs n'attachent de prix qu'à ce qu'on peut *voir* ou *toucher* ; ce qu'on *entend* est trop fugitif, trop inappréciable, trop insaisissable pour eux.

D'où vient donc cette singulière tendance matérialiste chez les prêtres de la plus spiritualiste des religions? de l'ignorance, de l'inaptitude à sentir et apprécier les effets de la musique, de l'inintelligence de ce langage sublime, en un mot de la *barbarie*.

Les théâtres lyriques de province, à quelques exceptions près, ne sont guère capables d'exécuter convenablement les chefs-d'œuvres des compositeurs modernes; il faut des chœurs et un orchestre pour cela, et les rôles, fussent-ils remplis par des artistes d'un véritable talent, avec les masses vocales et instrumentales dont on peut disposer en général partout ailleurs qu'à Paris, les grandes partitions n'en seraient pas moins défigurées. On n'imagine pas le ravage que les chefs-d'orchestre sont obligés de faire dans l'instrumentation de Weber, de Spontini, de Meyerbeer, de Rossini, pour la mettre à la portée des musiciens qu'ils dirigent. N'est-ce pas là de la barbarie?

De la musique de chambre et de concert, dont le quatuor et la symphonie forment le fond, je n'en parlerai pas, c'est sans comparaison la plus difficile; on ne peut en entendre que rarement à Paris, où elle est considérée comme un objet de luxe pour les amateurs. Cette restriction va faire jeter les hauts cris à plus d'une société philharmonique, beaucoup se piquant d'exécuter Haydn, Mozart et même Beethoven. Cependant les virtuoses provinciaux me pardonneront peut-être la blessure que je viens de faire à leur amour-propre quand ils sauront qu'il ne faut rien moins que l'orchestre du Conservatoire pour exécuter, dans la véritable acception du mot, une symphonie de Beethoven; qu'il n'y a pas un autre des nombreux orchestres de Paris qui ait essayé de le faire jusqu'à présent, et qu'en choisissant les meilleurs artistes que possède l'Italie tout entière, on aurait grand'peine à former une troupe d'élite capable de se tirer à son honneur d'une pareille épreuve. D'ailleurs (et je suis bien aise de dire ici en passant ma pensée là-dessus), lors même que l'habileté mécanique ne manquerait pas aux instrumentistes de province, un autre défaut, le plus grave de tous, suffirait pour montrer le peu de fondement de leurs prétentions, je veux parler de la présomption qui leur fait mettre de l'amour-propre à ne pas répéter. Un orchestre de province à qui on demanderait quatre répétitions pour une symphonie se croirait déshonoré. Eh! messieurs, savez-vous qu'on en a fait plus de trente au Conservatoire pour la dernière symphonie en *ré* mineur de Beethoven, et que cet orchestre merveilleux, admirablement discipliné et conduit, composé des premiers artistes de l'Europe, dont chacun, loin de chercher à se montrer, s'applique au contraire à fondre sa partie le plus habilement possible dans l'harmonie générale, apporte aux répétitions une patience, une attention intelligente et un respect pour le maître, dont vous ne vous doutez probablement pas. La flûte ne vient pas là pour briller aux dépens de la clarinette, ni le haut-bois pour éclipser le basson; les violons ne cherchent pas à s'écraser mutuellement; ils ne luttent ni à la course, ni à la force du poignet, et quand une partie présente de trop grandes difficultés, on ne rougit pas de l'emporter pour la travailler à loisir. Pour ces musiciens, artistes ou amateurs, qui, pour *passer le temps*, ne doutant de rien, se plantent hardiment, leur instrument à la main, devant un trio ou quatuor de Beethoven, et prétendent *l'enlever* (comme ils disent) sans répétition, je ne saurais encore voir en eux que des barbares. Ce qu'ils déchirent ainsi à grands coups d'archet renferme un sens profond qu'ils ne comprennent pas; c'est une expression poignante qu'ils ne sentent pas; c'est une difficulté d'ensemble, de nuances, de fini et de précision qu'ils bravent avec assurance, parcequ'ils ne la voient pas. Ce qu'ils font ne ressemble presque plus à la création de l'auteur : les teintes délicates sont rendues grossières; les tons énergiques, affaiblis; les mouvemens, alourdis ou précipités. Certaines harmonies étranges deviennent de hideuses agrégations de sons; les mélodies originales, des non-sens, et les rhythmes insolytes; des desseins ridicules et désordonnés : c'est horrible. ... Ils vont toujours, cependant, parcequ'ils ne s'en aperçoivent pas, parcequ'ils sont des barbares.

La musique militaire est peut-être, de toutes les branches de l'art, la moins arriérée dans nos provinces. Nous sommes loin des Allemands sous ce rapport, mais moins cependant que sous tous les autres. Je dois encore ici mettre Paris hors de ligne; les artistes des théâtres, faisant presque tous partie des bandes militaires de la capitale, leur donnent une supériorité énorme sur toutes celles qu'on pourrait leur comparer. Mais nous ne tarderons pas à voir un étonnant progrès dans l'exécution des instrumens à vent. Un artiste dont la réputation est grande et méritée, M. Beer, première clarinette solo du Théâtre-Italien, vient d'être placé à la tête d'une école spéciale de musique militaire. C'est une bonne idée du ministre de la guerre, dont l'armée ne tardera pas à recueillir les fruits. Ceux des soldats qui montreront le plus d'aptitude musicale, et voudront quitter le service ordinaire pour apprendre le jeu des instrumens à vent, seront envoyés pendant trois ans à l'école que dirige M. Beer; ils y feront des études bien autrement fructueuses que celles auxquelles ils auraient pu se livrer dans les casernes de province et entre les mains de maîtres d'un talent souvent plus que médiocre; après ce temps, rentrant dans les cadres de l'armée, ils formeront peu à peu une foule d'habiles instrumentistes, et en définitive, avant peu d'années, la France sera couverte d'un nombre considérable de musiques militaires excellentes et complètes. Mais cette cause de progrès n'est pas la seule : nous en devons signaler une autre, non moins importante et plus extraordinaire, en ce sens que le gouvernement y étant demeuré étranger, c'est à la persévérance infatigable et au zèle éclairé d'un amateur qu'il faut l'attribuer uniquement.

M. Aubéry du Boulley a fondé dans les départemens de l'Eure, d'Eure-et-Loir et de l'Orne une vaste société philharmonique qui embrasse les villes et bourgs d'Évreux, Nonancourt, Damville,

Bernay, Beaumont-le-Roger, Conches, Breteuil, Verneuil, Tillières, Grosbois, Chartres, Dreux, Brezolles, Alençon, Mortagne, Bellesme, Gacé et Longny. Usant de toute son influence de propriétaire, à Grosbois, où il habite, sur les gens qui dépendaient plus ou moins de lui, il leur a appris la musique, et sans reculer devant des frais aussi considérables, il a fourni à la plupart de ses élèves les instrumens dispendieux dont ils avaient besoin. Il a commencé par instruire ses fils, son jardinier et ses autres ouvriers, quelques habitans du village, et à former ainsi d'abord une excellente musique de cuivre ainsi composée : six bugles, quatre cornets à pistons, une trompette à pistons, un ophicléide alto, quatre ophicléides basses, deux buccins et trois trombonnes. Ce premier résultat obtenu, il ne s'en est pas contenté; les villes et villages nommés ci-dessus lui ont fourni de nouveaux élèves, qui, plus tard, réunis en société, forment aujourd'hui un effectif de deux cent cinquante musiciens. On ne sait ce qu'il faut admirer le plus dans cet homme, ou de son rare désintéressement, ou de son inébranlable constance. Certes, celui-là aime la musique qui, comme M. AUBÉRY DU BOULLEY, ne possédant qu'une modeste aisance, emploie ainsi son temps et son argent. Que de travaux, que d'études, que de courses pénibles il a dû faire pour trouver les sujets d'abord, et ensuite les former et les réunir! La Société s'assemble deux fois l'an; avant chacune de ses réunions, l'infatigable professeur fait une ronde dans tous les bourgs, villes et hameaux où sont disséminés ses groupes d'élèves, passe plusieurs jours auprès de chacun d'eux à les faire répéter soigneusement, et ne les quitte que bien exercés et parfaitement en état de lui faire honneur au jour du grand ensemble. L'ardeur musicale dont il est animé s'est déjà tellement propagée dans la population des départemens qu'il parcourt, que les principales villes se disputent la faveur d'être le siége de la réunion philharmonique, bien que cette faveur ne se puisse obtenir cependant qu'à la condition de fournir gratuitement des logemens à tous les musiciens. La dernière fête de ce genre a eu lieu à Breteuil (Eure), au mois de juillet dernier; les concertans étaient au nombre de deux cents. A onze heures du matin, ils se rendirent à l'église, dont l'enceinte et les alentours étaient occupés par un concours prodigieux d'auditeurs accourus de plus de quinze lieues à la ronde. M. AUBÉRY dirigeait l'orchestre; les morceaux qu'il avait composés spécialement pour cette fête furent exécutés avec un ensemble parfait. Aucun sentiment de rivalité ne se mêla à cette réunion fraternelle; le désir de bien faire en commun animait seul les membres de l'association. Le soir, ils se rendirent à la promenade dans un endroit préparé pour les recevoir, et y exécutèrent plusieurs quadrilles, pendant que cinq cents personnes dansaient aux sons de l'immense orchestre, entourés de plus de quinze mille spectateurs. Le lundi, à six heures du matin, rappelée par les tambours et les clairons, la petite armée musicale se réunit sur la place de Breteuil, et, après un morceau d'adieu exécuté par toute la masse, chaque corps reprit, en sonnant de joyeuses fanfares, le chemin de ses foyers. L'effet de cette réunion a été très grand, comme on l'imagine bien, et tout porte à croire que le nombre des membres de la Société sera promptement doublé.

Hector Berliotz.

LES MEMBRES DE LA SOCIÉTÉ PHILHARMONIQUE
A M. AUBÉRY DU BOULLEY.

FÊTE MUSICALE DE BRETEUIL.

MM. Les chefs de musique et un grand nombre de musiciens, tous ceux qui ont pu être réunis, se sont concertés et ont émis l'avis unanime que M. Aubéry du Boulley, président de la Société philharmonique, avait droit à leur reconnaissance, et qu'ils ne pouvaient lui en donner un témoignage plus vif qu'en lui offrant une *flûte*, l'instrument qui l'a distingué par dessus tous les autres.

Breteuil, le 10 juillet 1836.

Ont Signé :

Dantu, Hilaire Dantu, E. Lemenestrel, Imont, Gautier, Audiger, Froissant, Lenoir-Viot, Jules Rosse, Terrier, Dupuis, D. Blin, Blin, Goimet, Ernest Revel-Saint-Ange, De Valleuil, Alphonse Revel-Saint-Ange, Ch. de Sainte-Croix, Boyard, Nixon, Leviez, Couturier père, Couturier fils, Calmbacher, Chauvin, Villedieu, Souillard, Prudent, Renault, Dessaux jeune, Hue, Dehaye, Leclerc, Blot, Triquet, Leconte, Lemoine, Chévreaux, Cocaigne, Delorme, Adolphe Yvon, Hervieux, Langlois, Dessaux aîné, Goy, Glatigny, Maillard, Moncel fils, Quénot, Hertmans, Noury, Dellié, Levavasseur, Bénard, Parent, Lépine, Plagelat, Heuzé, F. Claude, Delaunay, Lecuyer fils, Mongruel.

A M. AUBÉRY DU BOULLEY, PRÉSIDENT DE LA SOCIÉTÉ PHILHARMONIQUE DE L'EURE, DE L'ORNE ET D'EURE-ET-LOIR, A GROSBOIS, PRÈS VERNEUIL (EURE).

Alençon, le 4 août 1836.

Monsieur,

J'ai reçu la lettre que vous m'avez fait l'honneur de m'écrire pour m'informer de la réunion des membres de la Société philharmonique de l'Eure, de l'Orne et d'Eure-et-Loir, qui a eu lieu à Breteuil le 10 juillet dernier.

Veuillez croire à toute ma satisfaction du succès que vous avez obtenu dans cette première réunion.

Recevez, monsieur, l'assurance de ma considération très distinguée.

Le Préfet de l'Orne,

Signé DERVILLE-MALÉCHARD.

QUATORZIÈME RÉUNION.

Le 25 Septembre. Réunion particulière à Condé-sur-Iton, à l'occasion du concours des charrues.

Sections de Grosbois, Tillières, Nonancourt, Damville, Conches, Breteuil et Verneuil.

QUINZIÈME RÉUNION.

Le 23 Octobre. Réunion particulière à Nonancourt, entre les sections de Nonancourt, Dreux, Brezolles, Damville, Tillières et Grosbois.

A M. AUBÉRY DU BOULLEY, PRÉSIDENT DE LA SOCIÉTÉ PHILHARMONIQUE.

Chartres, le 4 novembre 1836.

Monsieur,

Je me félicite de pouvoir marcher sur les traces de mon honorable prédécesseur, en vous promettant de seconder, autant qu'il dépendra de moi, les efforts que vous avez faits pour fonder la Société philharmonique dont vous êtes, monsieur, le Président, et j'apprendrai avec plaisir le succès de ces efforts.

Agréez, monsieur, l'assurance de mes sentimens distingués.

Le Préfet d'Eure-et-Loir,

Signé SAINT-AIGNAN.

SEIZIÈME RÉUNION.

LE 13 NOVEMBRE, RÉUNION GÉNÉRALE. --- FÊTE MUSICALE DE LONGNY (ORNE).

DIX-SEPTIÈME RÉUNION.

Le 27 Novembre. Réunion particulière à Gacé, à l'occasion de la fête de Sainte-Cécile.

Sections de Gacé, Séez, Vimoutiers, Neuville, Saint-Pierre, Survie, Le Sap, Tillières et Grosbois.

FEUILLETON DU NATIONAL DU 11 DÉCEMBRE 1836.

Société philharmonique de l'Eure, de l'Orne et d'Eure-et-Loir.

Dans notre article du 27 novembre dernier, nous avons exposé nos principes sur l'art musical; après avoir démontré son influence sur l'éducation, et ensuite sur la société tout entière, nous avons appelé à nous tous ceux qui donnent à leur travail une destination élevée et qui ont compris que l'artiste avait une mission à remplir. Nous avons promis notre appui à tous ceux qui ont voué leur temps et leur talent au progrès de l'art et à l'enseignement. De nombreuses voix ont répondu à notre voix. Quoique la capitale semble réclamer pour elle seule le privilège de fixer l'attention, fidèles à notre promesse, nous nous empressons de signaler les travaux des hommes qui marchent dans la même voie que ceux de la grande cité, avec moins de bonheur peut-être, moins de retentissement, mais avec bien plus de désintéressement. A chacun selon son travail, c'est, en politique comme en industrie, la devise de tant d'hommes! pourquoi n'en serait-il pas de même dans l'ingrate carrière des arts? Puisque le nombre des hommes dévoués et désintéressés est encore si petit, mettons, comme dit l'Évangile, la lumière sur le candélabre, afin qu'elle éclaire les ténèbres, et que chacun puisse voir. Il n'est rien d'attrayant, de stimulant comme l'exemple; et, nous le savons, l'esprit d'imitation est tellement inhérent au caractère de l'homme, que c'est un des plus puissans mobiles de ses actions.

La Société philharmonique de l'Eure, de l'Orne et d'Eure-et-Loir, présidée par M. AUBÉRY DU BOULLEY, et qui, au mois de juillet dernier, a obtenu un si beau succès à Breteuil (Eure), s'est de nouveau réunie, le 13 novembre, dans le bourg de Longny (Orne).

L'orchestre était composé de 130 musiciens, représentant les sections de Mortagne, Belesme, l'Aigle, Gacé, Longny (Orne), Chartres, Dreux, Brezolles, Courville, Authon (Eure-et-Loir), Breteuil, Verneuil, Nonancourt, Tillières et Grosbois (Eure). L'ensemble a été excellent; chacun a voulu faire aussi bien qu'à Breteuil, et l'on s'est surpassé.

Toutes les populations des environs étaient accourues, et, malgré la mauvaise saison, un grand nombre de voitures sont arrivées des villes de Verneuil, Breteuil, l'Aigle, Mortagne, Alençon, Belesme, Nogent-le-Rotrou et Chartres.

Les musiciens s'attendaient à dîner ensemble à un banquet; mais les habitans, qui s'étaient distribués eux-mêmes les billets de logement, retinrent chacun leurs musiciens, afin de les réunir aux nombreux parens et amis que chacun d'eux avait invités et reçus dès la veille.

Une quête en faveur des pauvres a été faite à la messe et à vêpres. Le soir, une brillante sérénade fut donnée à M. AUBÉRY DU BOULLEY, fondateur de la Société, et la fête se termina par un bal auquel assistèrent plus de 500 personnes. Avant de former les quadrilles, on exécuta une cantate à Sainte-Cécile, avec chœur à trente voix, accompagnées par 60 instrumens.

Le lundi, tous les musiciens voulurent reconduire le Président, *musique battante*, jusqu'au haut de la côte, et là on se sépara en prenant l'engagement de se trouver à la réunion d'Évreux, au mois de juin prochain.

Ce qu'il est bon de signaler, pour l'exemple, c'est le zèle vraiment extraordinaire de quelques membres de la Société. Les musiciens de Dreux n'ont pas hésité à faire trente-six lieues pour assister à la réunion ; ceux de Nonancourt en ont fait trente ; ceux de Gacé vingt-huit, par des chemins de traverse affreux.

L'effet de cette réunion a été très favorable à l'art, et la Société qui, le 13 novembre, se composait de trois cent-cinquante membres, en compte aujourd'hui quatre cent vingt.

Une autre solennité musicale a eu lieu depuis dans la même contrée. Les musiciens de Séez, Vimoutiers, Neuville, Le Sap, Saint-Pierre et Survie (Orne), nouveaux membres de la même Société, se sont réunis à leurs confrères de Gacé, le 27 novembre, pour fêter ensemble la Sainte-Cécile.

M. Aubéry du Boulley, ayant été invité à venir conduire l'orchestre, a répondu à l'appel de ses confrères de l'Orne ; plusieurs membres des sections de Verneuil, Tillières et Grosbois l'ont accompagné malgré la distance et le mauvais temps. Le nombre total des exécutans s'est trouvé de quatre-vingt-dix, et sur ce nombre, soixante au moins n'avaient point encore paru dans les rangs de la Société philharmonique. Malgré cela, l'ensemble a été des plus satisfaisans, et plusieurs morceaux ont été exécutés avec une rare précision.

La fête s'est terminée par un banquet. M. du Boulley n'a pas quitté ses nouveaux confrères sans leur avoir fait promettre de se réunir à Évreux lors de la grande assemblée du mois de juin prochain.

J. Mainzer.

DIX-HUITIÈME RÉUNION.

Le 5 Avril. Réunion particulière à Grosbois, entre les sections de Grosbois, Tillières, Nonancourt, Breteuil et Brezolles.

DIX-NEUVIÈME RÉUNION.

Le 28 Mai. Réunion particulière à Grosbois, entre les sections de Grosbois, Tillières et Longny.

VINGTIÈME RÉUNION.

Le 4 Juin. Réunion particulière à l'Aigle, entre les sections de l'Aigle, Grosbois et Tillières.

RÉUNIONS.   39
VINGT ET UNIÈME RÉUNION.

Le 18 *Juin.* Réunion particulière à Mortagne, entre les sections de Mortagne, Longny et Grosbois.

VINGT-DEUXIÈME RÉUNION.

LE 16 JUILLET, RÉUNION GÉNÉRALE A ÉVREUX.

Compte-Rendu.

Ainsi que Tillières, Breteuil et Longny, la ville d'Évreux a eu cette année un congrès musical. Le dimanche 16 juillet, les membres de la Société philharmonique de l'Eure, de l'Orne et d'Eure-et-Loir, venus d'Alençon, Séez, Bernay, Beaumont-le-Roger, Conches, Breteuil, Verneuil, Nonancourt, Pacy, Damville, Tillières, Grosbois, Chartres, Dreux, Brezolles, Courville, Authon, Mortagne, Bellesme, Longny, l'Aigle, Vimoutiers, Gacé, Saint-Pierre-la-Rivière, Survie, Le Sap et d'autres lieux, se sont réunis au nombre de 250, au jardin botanique de cette ville, sous la présidence de M. AUBÉRY DU BOULLEY, fondateur de la Société.

La disposition de ce bel établissement offrait le plus beau coup-d'œil. Plus de 10,000 personnes se pressaient pour assister à cette fête, qui avait attiré beaucoup d'étrangers, et à laquelle ont apporté leur concours toutes les autorités civiles et militaires, le bataillon de la garde nationale en armes, les pompiers, les artilleurs et une compagnie de la troupe de ligne.

L'orchestre a exécuté douze morceaux composés par M. DU BOULLEY pour cette réunion, plusieurs ont excité de vifs applaudissemens, surtout le pas redoublé de *l'Orage* et le morceau d'harmonie final intitulé *le Rêve*, dans lequel on a remarqué un admirable effet d'ophicléides. On ne comprenait pas qu'un aussi grand nombre d'artistes qui se rencontraient là passagèrement de tant de points divers, pussent s'entendre et observer, avec tant de précision et d'ensemble, toutes les règles de l'art musical. Les personnes qui avaient assisté, l'année dernière, à la réunion de Breteuil, ont été à même d'apprécier les immenses progrès des concertans, et l'on peut dire que si, dans les précédentes réunions, elle en était encore à ses débuts, l'association musicale a fait maintenant ses preuves, et qu'elle est définitivement constituée.

Le résultat de cette solennité est à la fois une douce récompense de ses travaux et de ses soins pour M. DU BOULLEY, et un puissant encouragement pour tous les membres de l'association.

(*Journal de Rouen, du* 21 *juillet* 1837).

VINGT-TROISIÈME RÉUNION.

Le 15 *Août.* Réunion particulière à Tillières entre les sections de Grosbois, Tillières, Nonancourt et Dreux.

A M. AUBÉRY DU BOULLEY, PRÉSIDENT DE LA SOCIÉTÉ PHILHARMONIQUE DE L'EURE, DE L'ORNE ET D'EURE-ET-LOIR, ET MEMBRE DE LA SOCIÉTÉ LIBRE D'AGRICULTURE, SCIENCES, ARTS ET BELLES-LETTRES DU DÉPARTEMENT DE L'EURE.

Breteuil, le 10 Septembre 1837.

Monsieur et honoré Collègue,

J'ai eu l'honneur de vous adresser une invitation pour le concours des charrues qui doit avoir lieu le 17 à Merville; j'espère avoir le plaisir de m'y trouver avec vous et l'occasion de vous remercier, au nom de la Société, de votre extrême obligeance, dont je vous demande un nouveau témoignage.

Le charme que votre musique a répandu sur le concours de l'année dernière, à Condé, nous fait vivement désirer que vous ayez la bonté d'embellir encore celui de cette année. Je viens donc, au nom de la Compagnie, vous demander d'y amener vos musiciens, qui seront bien reçus, et auxquels nous devons, en grande partie, nos succès.

Je regrette que mes occupations et la distance à laquelle je suis de vous me privent de l'honneur de vous faire une visite, pour vous entretenir de cet objet; mais j'espère que ce ne sera pas un obstacle au succès de ma demande, qui est celle de la Société elle-même et dont elle vous saura un gré infini.

J'ai l'honneur d'être, avec les sentimens les plus distingués,

Monsieur et très cher collègue,

Votre très humble et très obéissant serviteur,

DELARUE,
Secrétaire perpétuel.

VINGT-QUATRIÈME RÉUNION.

Le 17 Septembre. Réunion particulière à Merville, près Nonancourt, pour le concours de charrues, entre les sections de Grosbois, Tillières, Verneuil, Nonancourt, Damville et Dreux.

VINGT-CINQUIÈME RÉUNION.

LE 22 OCTOBRE, RÉUNION GÉNÉRALE A MORTAGNE (ORNE).

Compte-Rendu.

Le goût de la musique se répand de plus en plus dans nos contrées, grâce à l'influence qu'exerce aujourd'hui cette vaste association fondée par M. AUBÉRY DU BOULLEY, et qui comprend maintenant toutes les musiques importantes des trois départemens de l'Eure, de l'Orne et d'Eure-et-Loir.

Une brillante réunion vient d'avoir lieu à Mortagne, le 22 octobre. Cent musiciens, représentant les sections de Mortagne, Belesme, Longny, l'Aigle, Bernay, Verneuil, Grosbois, Tillières, Nonancourt et Dreux, s'y sont trouvés sous la direction du fondateur.

Toutes les populations des environs étaient accourues pour jouir de cette belle fête, qui a été favorisée par un temps superbe.

A dix heures, M. le Préfet d'Alençon, M. le Sous-Préfet de Mortagne et toutes les autorités de la ville se sont rendus à l'église pour entendre la messe en musique composée et dirigée par M. AUBÉRY DU BOULLEY. A une heure, M. le Préfet a passé la garde nationale en revue, pendant que les musiciens exécutaient des morceaux militaires, puis l'on s'est rendu au banquet qui avait été préparé. La fête s'est terminée par un bal qui a été très brillant et qui s'est prolongé jusqu'au jour.

Lors de la fête d'Évreux, les musiciens de Saint-Pierre-la-Rivière et de Survie (Orne) n'hésitèrent pas à faire quarante-huit lieues pour y assister; cet exemple a trouvé des imitateurs, car les musiciens de Dreux en ont fait quarante pour se rendre à la réunion de Mortagne.

Sans doute, on ne peut que donner des louanges à M. DU BOULLEY pour le zèle qu'il a mis à organiser cette belle association, et pour le talent avec lequel il la dirige; mais on pourrait lui faire un reproche de n'avoir pas institué un prix qui aurait été accordé, lors de chaque réunion, à la section qui aurait eu à parcourir la plus grande distance. C'eût été le prix du zèle.

Nous lui soumettons cette idée.

(*Journal de Rouen du 27 octobre* 1837).

VINGT-SIXIÈME RÉUNION.

Le 24 *Novembre.* Réunion particulière à Tillières entre les sections de Grosbois, Tillières, Brezolles, Nonancourt et Dreux.

VINGT-SEPTIÈME RÉUNION.

Le 5 *Avril.* Réunion particulière à Grosbois entre les sections de Grosbois, Tillières, Nonancourt, Dreux et Breteuil.

VINGT-HUITIÈME RÉUNION.

Le 29 *Avril.* Réunion particulière à Tillières entre les sections de Dreux, Nonancourt, Tillières et Grosbois.

VINGT-NEUVIÈME RÉUNION.

Le 1er *Mai.* Réunion particulière à Dreux entre les sections de Dreux, Nonancourt, Grosbois et Tillières.

TRENTIÈME RÉUNION.

Le 17 *Juin.* Réunion particulière à Grosbois entre les sections de Grosbois, Tillières, Nonancourt et Dreux.

TRENTE ET UNIÈME RÉUNION.

Le 25 Novembre. Réunion particulière à l'occasion de la Sainte-Cécile, le matin à Tillières, le soir à Nonancourt. Sections de Grosbois, Tillières, Nonancourt, Brezolles et Dreux.

SOCIÉTÉ PHILHARMONIQUE DU CALVADOS.

A M. AUBÉRY DU BOULLEY, PRÉSIDENT DE L'ASSOCIATION MUSICALE DES DÉPARTEMENS DE L'EURE, DE L'ORNE ET D'EURE-ET-LOIR.

Caen, le 4 juillet 1838.

Monsieur,

J'ai beaucoup entendu parler des services que vous avez rendus à la musique en donnant une grande émulation aux artistes et aux amateurs de votre département. Vous avez su répandre l'enthousiasme parmi eux et réunir un grand nombre de musiciens non-seulement de l'Eure, mais encore de plusieurs départemens voisins pour exécuter des concerts. Serait-il possible, monsieur, que le service que vous avez rendu à ces départemens se reportât aussi sur nos contrées. Le Calvados renferme beaucoup d'élémens pour faire de bonne musique. Presque toutes nos villes possèdent des sociétés philharmoniques : c'est vous dire que cet art est en honneur parmi nous.

Vous savez sans doute, monsieur, que nous avons établi à Caen des courses de chevaux qui ont eu l'année dernière le plus grand succès, et tout fait espérer que cette année elles en obtiendront un plus grand encore. Elles attireront un concours considérable de curieux de toute la Normandie. Nous aurons une belle exposition de tableaux ; nous en aurons une aussi des produits de notre horticulture. Des bals et d'autres fêtes publiques se préparent pour cette époque. Je pense qu'un concert composé des membres de la Société philharmonique du Calvados, joints à tous les musiciens que vous voudriez bien nous amener, pourrait, sous votre direction, donner une grande et heureuse impulsion parmi les habitans de Caen. Ce serait pour cette ville une époque mémorable et pour nous une ère nouvelle. Eh bien, monsieur, tous ces avantages, tous ces succès, nous vous les devrions, et il deviendraient une jouissance de plus pour vous qui rendez tant de services à l'art musical en province. Je m'adresse donc à vous, monsieur, avec confiance, et je ne doute pas qu'animé du feu sacré comme vous l'êtes, vous n'approuviez ma proposition. On dit que vous venez quelquefois à Caen. Combien, monsieur, j'aurais de plaisir à vous recevoir et à me concerter avec vous sur cet objet important. Mais il n'y a pas de temps à perdre, car les courses auront lieu le 24 août. Veuillez m'honorer d'une prompte réponse, et d'avance je ne doute pas qu'elle ne soit très favorable.

Agréez, monsieur, l'assurance de l'estime profonde que m'inspirent votre mérite et votre dévouement pour un art qui fait le bonheur de la vie.

P. A. LAIR,

Président honoraire de la Société philharmonique du Calvados.

A M. LAIR, PRÉSIDENT HONORAIRE DE LA SOCIÉTÉ PHILHARMONIQUE DU CALVADOS.

Grosbois, près Verneuil (Eure), le 10 juillet 1838.

C'est avec peine, monsieur, que je me vois forcé de vous dire que je ne puis accepter, pour cette année, l'honneur que vous vouliez bien me faire. Vous concevrez tout ce qu'il y a de pénible pour moi dans une pareille réponse, tout ce qu'il m'en a dû coûter pour refuser une proposition qui, dans toute autre circonstance, eût mis le comble à mes vœux. Mais les travaux forcés auxquels je me suis livré depuis trois ans, les courses qu'il m'a fallu faire pour trouver et réunir en une seule société cinq cents musiciens, les voyages qu'ont nécessité les trente réunions que la Société a faites dans l'espace de trois années, tout cela, bien au-dessus de mes forces, a délabré complétement ma santé, et depuis quinze jours je suis retenu au lit par la fièvre, par des douleurs de poitrine, et plus encore par le chagrin de me voir forcé de renoncer à la réunion philharmonique qui devait avoir lieu à Bernay dans le courant de juillet. J'ai conservé, jusqu'au dernier moment, l'espoir de faire cette réunion à l'époque fixée, mais enfin il a fallu se rendre à l'évidence. Des lettres adressées aux chefs des sections, dans les départemens de l'Eure, de l'Orne et d'Eure-et-Loir, viennent de partir pour annoncer la remise de notre fête musicale au mois de septembre ou d'octobre. Si, comme on me le fait espérer, quelques mois de repos rétablissent un peu ma santé, si la réunion de Bernay peut avoir lieu au mois d'octobre prochain, je ferai certainement le voyage de Caen et j'accepterai avec grand plaisir votre offre si obligeante. Déjà nous sympathisons ensemble et nous nous entendrons facilement sur ce qu'il y aura à faire pour former à Caen, dans le courant de l'année 1839, un congrès musical.

Veuillez agréer, monsieur, l'assurance de la haute considération et de l'entier dévouement avec lesquels j'ai l'honneur d'être,

Votre très humble et obéissant serviteur,

AUBÉRY DU BOULLEY,

Président-Fondateur de l'Association musicale des départemens de l'Eure, de l'Orne et d'Eure-et-Loir.

MUSIQUE DE GROSBOIS.

CHEFS.

AUBÉRY DU BOULLEY (Édouard), Vice-Président de l'Association musicale, *Capitaine de musique.*
AUBÉRY DU BOULLEY (Adolphe), *Adjudant, chef de musique.*
FROISSANT, *Sergent-Major, sous-chef.*
CÉDILLE (Désiré), *Sergent.*
VESQUE (Amédée), *idem.*
AUBÉRY DU BOULLEY (Émile), *Fourrier.*

NOMS DES MUSICIENS ET DÉSIGNATION DE LEUR INSTRUMENT.

AUBÉRY DU BOULLEY (Émile), *Petite Flûte.*
FROISSANT, *Petit Bugle en* mi ♭.
DESPRÉAUX jeune, 1er *Bugle en si* ♭.
DE VALLEUIL, *idem.*
BOULANGER, *idem.*
HÉRON, *idem.*
GLASSON, 2me *Bugle en si* ♭.
DÉDOUIT, *idem.*
ROSSE (François), *idem.*
FOUCHER, *idem.*
MAILLARD, 1er *Cornet à pistons.*
BOYARD, *idem.*
DROUET, 2me *Cornet à pistons.*
DESPRÉAUX aîné, *idem.*

AUBÉRY DU BOULLEY (Édouard), *Trompette à pistons solo et Ophicléide alto solo.*
REVEL DE S¹-ANGE (Alphonse). *Ophicléide alto.*
LEMENESTREL, *Clavicor en mi ♭.*
CÉDILLE, *1ᵉʳ Ophicléide basse.*
VESQUE, *idem.*
BLAVETTE *2ᵐᵉ Ophicléide basse.*
RÉTOUT, *idem.*
AUBÉRY DU BOULLEY (Adolphe), *1ᵉʳ Buccin.*
REVEL DE S¹-ANGE (Ernest), *2ᵐᵉ Buccin.*
GOMANT, *Trombonne à pistons.*
ROSSE (Jules), *Trombonne.*
SAFFRAY, *idem.*
BIZOT aîné, *Caisse roulante.*
BIZOT (Paul), *idem.*

CATALOGUE
DES OUVRAGES
COMPOSÉS

PAR P.-L. AUBÉRY DU BOULLEY.

LITTÉRATURE MUSICALE.
—

GRAMMAIRE MUSICALE
OU

MÉTHODE ANALYTIQUE ET RAISONNÉE

POUR APPRENDRE ET ENSEIGNER LA LECTURE DE LA MUSIQUE,

SUIVIE

D'OBSERVATIONS

SUR LES

ERREURS, PRÉJUGÉS ET FAUSSES OPINIONS CONCERNANT LA MUSIQUE,

PAR P.-L. AUBÉRY DU BOULLEY.

Grand in-8°, troisième édition. — PRIX : 4 fr. 50 c. net.

A PARIS,

Chez SIMON RICHAULT, éditeur de musique, boulevard Poissonnière, n° 16;
DUVERGER, à la Librairie musicale, rue Rameau, n° 6;
L'AUTEUR, à VERNEUIL (Eure).

Le savant rédacteur de la *Revue musicale* a rendu compte de cet ouvrage en ces termes :

« Ce serait une étude historique intéressante que celle de tous les livres qui ont été écrits sur l'enseignement de la lecture de la musique, depuis que cet art a pris la forme qu'on lui voit aujourd'hui, c'est-à-dire, depuis que les signes de sa *mélographie* ont été invariablement adoptés. Cette étude n'embrasserait guère plus d'un siècle; car, antérieurement à 1730, la clef de *sol* sur la première ligne pour les parties de violon, de flûte ou de hautbois, de *fa* pour certaines parties de basse, d'*ut* sur les première et deuxième pour les violes; la limitation des combinaisons mélodiques de la musique instrumentale, et conséquemment l'insuffisance des signes; enfin l'emploi d'une multitude d'ornemens tels que les *cadences brisées*, les *flattés*, les *coulés*, les *feintes*, etc., qui sont tombées en désuétude; tout cela, dis-je, exigeait un enseignement spécial qui n'aurait plus d'utilité de nos jours. Mais, dans le cours de ce siècle écoulé depuis 1730, que de méthodes de musique, de solféges et de systèmes ont été publiés ! Beaucoup se ressemblent en plusieurs points ; mais il en est peu où il ne se trouve quelques observations utiles, et plusieurs contiennent des aperçus neufs qui n'ont pas peu contribué aux progrès de l'art.

» Cependant il est à remarquer que la plupart des auteurs des livres dont je viens de parler se trompent dans la qualification qu'ils leur donnent. Ils décorent du nom de *Méthode* ce qui serait appelé plus exactement *Procédé ;* car se sont presque toujours des formules d'exercices dont le professeur a reconnu l'efficacité par sa propre expérience, ou par des observations sur ses élèves, et dont le but, en général, est de hâter l'éducation de ceux-ci. La méthode suppose un système rationnel des élémens d'une science ou d'un art, propre à éclairer l'esprit sur la nature des choses, et non une collection d'exercices destinés à faciliter l'éducation de certains organes, et souvent de suppléer à l'intelligence par la mémoire et l'habitude. Le livre de M. Aubéry du Boulley a l'avantage d'être à la fois *méthodique* et *procéditif.* C'est sous ce double rapport que je vais l'examiner.

» Sa forme est celle du dialogue. Des avantages et des inconvéniens sont attachés à cette forme. Parmi les avantages se fait surtout remarquer celui de fixer l'attention de l'élève sur l'objet de la question et d'éviter une trop grande promptitude dans la liaison des faits; promptitude favorable à l'intelligence, mais nuisible au classement dans la mémoire. L'inconvénient le plus considérable de la forme dialoguée d'un livre élémentaire consiste à rompre l'ordre logique et à mettre à la place de la série d'idées de l'élève celle du professeur. Les questions proposées par celui-ci supposent que les difficultés sont les mêmes pour tous, tandis que l'expérience démontre que ce qui cause de l'embarras à l'un est sans obscurité pour un autre, et que celui-ci éprouve de l'incertitude où le premier n'apercevait rien que d'intelligible. Mais la forme ne touchant point au fond des choses, je n'insisterai ni sur les défauts ni sur les avantages de celle que M. Aubéry du Boulley a adoptée, et je m'attacherai surtout à l'examen de ses idées.

» *La Grammaire musicale* est divisée en trois parties : la première est intitulée *Théorie ;* la seconde est toute de *pratique*, et contient des exercices sur les valeurs de temps ; la troisième renferme des *observations sur les erreurs, préjugés et fausses opinions en fait de musique.*

» Les quatorze premiers chapitres de la première partie ont pour objet de faire connaître les divers élémens de la musique, tels que *la gamme, les clefs, la durée des notes, les silences, le point, la position respective des degrés de la gamme dans les divers tons et modes, les diverses espèces de mesures et de syncopes.*

» Le quinzième chapitre de cet ouvrage renferme ce qu'il y a de particulier et d'individuel dans la méthode de M. Aubéry du

Boulley; c'est un modèle d'analyse de musique écrite dans les diverses mesures en usage. Cette analyse a pour objet les valeurs de temps de ces diverses mesures. Ici, l'auteur de la *Grammaire musicale* abandonne la forme dialoguée qui aurait été trop lente, et dont l'application aurait été trop imparfaite. Ces analyses, qui consistent à détailler ce qui appartient à chaque division de la mesure et à leur donner la durée convenable, sont un des moyens les plus puissans pour développer avec promptitude l'intelligence musicale des élèves. M. Aubéry du Boulley me paraît être le premier écrivain didactique qui en ait développé les principes avec autant de détails.

» Les derniers chapitres de la première partie traitent du *dièze* et des autres signes d'intonation, ainsi que leur fonction dans les gammes; du mode mineur, des tons relatifs, des signes accessoires, que M. Aubéry du Boulley appelle *signes de convention* ; de la manière de connaître le ton des morceaux de musique, du trille, du piqué, du port-de-voix et des termes italiens dont on se sert dans la musique. Toutes ces choses sont expliquées avec clarté, simplicité, et les exemples sont bien choisis.

» La seconde partie, ainsi que je l'ai dit, est destinée à la pratique, et ne contient guère que des exercices sur les combinaisons de valeurs de notes dans toutes les mesures. M. Aubéry du Boulley a adopté pour ces exercices le procédé que j'ai proposé dans mes principes élémentaires de musique, c'est-à-dire qu'il ne les écrit qu'avec une seule note, et abstraction faite de toute variation d'intonation, du moins dans la première division. Les décompositions de temps et de mesure sont bien faites et complètes. Les élèves, qui auront assez de persévérance pour les étudier avec soin, deviendront bientôt habiles dans la mesure.

» Dans la troisième partie de son livre, M. Aubéry du Boulley s'est proposé d'attaquer ce qu'il appelle des erreurs, des préjugés et des fausses opinions; mais il y établit de certaines propositions qui sont au moins fort extraordinaires et entièrement opposées aux observations et aux théories adoptées par les savans. Je crois devoir en donner ici quelques-unes, mais sans les discuter; car la discussion me mènerait trop loin.

» On sait que l'on a considéré jusqu'ici l'air comme le véritable corps sonore qui se modifie en raison de l'agent employé dans sa production du *son*, et l'on a cru démontrer la réalité de cette théorie en plaçant une petite cloche sous le récipient de la machine pneumatique; après y avoir fait le vide, on fait frapper la clochette par son battant, et aucun son ne se produit au dehors. Mais, sans tenir compte de cette expérience, M. Aubéry du Boulley établit la théorie d'un fluide sonore, s'échappant des corps, comme les odeurs se dégagent de certains corps; cette théorie est nouvelle, et, à part les objections qu'on peut lui opposer, mériterait peut-être d'être examinée sérieusement.

» On pense bien que le chapitre des *vibrations* est écrit dans le même système, et que les oscillations de l'air, dans le phéno-

4

mène des corps vibrans, sont considérées comme nulles par M. Aubéry du Boulley : il était nécessaire qu'il adoptât toutes les conséquences de ce système.

» Il y a de bonnes observations dans les chapitres qui concernent les caractères des degrés de la gamme; mais je pense aussi que plusieurs faits qui y sont énoncés auraient besoin d'être démontrés plus rigoureusement; tel est, par exemple, celui de l'appellation de certaines voyelles sur tel ou tel degré; idée qui manque de développement et qu'on pourrait rendre plus intelligible, si elle est fondée.

» Le chapitre qui a pour titre le *Prestige des tons*, renferme des choses excellentes. L'auteur de la *Grammaire musicale* y démontre que le prétendu caractère de chaque ton n'a rien de réel.

» Cette troisième partie de la *Grammaire musicale* n'est point une copie d'ouvrages qu'on a écrit sur la même matière; elle contient des aperçus neufs, et beaucoup de choses utiles qui n'avaient point été considérées sous le même point de vue, ni dites de la même manière. Elle a d'ailleurs le mérite d'être écrite d'un style simple et clair. Je crois donc que ce livre prendra une place honorable dans la littérature musicale, et que les professeurs qui ne partageront pas toutes les opinions de M. Aubéry du Boulley ne pourront refuser de rendre justice à son savoir.

» La *Grammaire musicale* est aussi une production intéressante sous le rapport typographique, car c'est le premier ouvrage de ce genre où l'impression de la musique en caractères mobiles ait atteint la perfection qu'on y remarque. C'est à M. E. Duverger qu'on doit la découverte du procédé par lequel cette musique est *composée d'abord en caractères mobiles, et imprimée ensuite sur planches solides*. Ce qui distingue ce procédé, c'est la non-interruption des lignes de la portée, la beauté des caractères et la netteté des détails. L'examen de la découverte de M. Duverger et de son utilité sera l'objet d'un article où je donnerai l'histoire de la typographie en ce qui concerne la musique. »

(*Revue musicale*, 9ᵉ volume, 12ᵉ livraison, page 349.)

On trouve dans les *Chroniques de l'Eure* l'article suivant :

« Aubéry du Boulley (P.-L.), musicien compositeur, né à Verneuil le 10 décembre 1796, auteur d'un grand nombre d'ouvrages sur la musique, parmi lesquels on remarque surtout sa *Collection de Marches militaires*, *dédiée aux Gardes nationales de France*. Son excellente *Grammaire musicale*, pleine d'idées neuves et de procédés ingénieux, prouve que l'auteur n'est pas non plus étranger à l'art d'exprimer ses pensées avec clarté, pureté et élégance. »

(*Notice historique de la ville de Verneuil*, par Auguste Guilmeth, Membre de plusieurs Académies et Sociétés savantes, 2ᵉ édition. Paris, Delaunay, au Palais-Royal. 1834.)

TABLE DES MATIÈRES

CONTENUES DANS LA GRAMMAIRE MUSICALE.

PREMIÈRE PARTIE.

THÉORIE.

AVANT-PROPOS.
INTRODUCTION.
Chap. Ier. De la gamme.
Chap. II. Des clefs.
Chap. III. Du nom des notes à la clef de sol.
Chap. IV. Du nom des notes à la clef de fa.
Chap. V. Du nom des notes à la clef d'ut.
Chap. VI. Des signes employés pour représenter la durée des degrés de la gamme.
Chap. VII. De la valeur des notes.
Chap. VIII. Des silences.
Chap. IX. Du point.
Chap. X. Du mot *ton*.
Chap. XI. De la position respective des degrés de la gamme.
Chap. XII. Des mesures.
Chap. XIII. De l'exécution des silences.
Chap. XIV. De la syncope.
Chap. XV. Modèles d'analyses des grande et petite mesures à deux temps, des grande et petite mesures à trois temps, et de la mesure à six-huit.
Chap. XVI. Du porte-voix.
Chap. XVII. Des dièze, bémol, bécarre, double-dièze et double-bémol.
Chap. XVIII. Du mode mineur.
Chap. XIX. Des tons relatifs.
Chap. XX. Règles pour connaître de suite dans quel *ton* l'on joue.
Chap. XXI. Des signes de convention, *reprise, renvoi, da capo, barre de répétition, point d'orgue.*
Chap. XXII. Du trille et du piqué.
Chap. XXIII. Des termes italiens usités en musique.

DEUXIÈME PARTIE.

PRATIQUE.

Chap. XXIV et XXV. Cent huit exercices sur la mesure à deux temps.
Chap. XXVI et XXVII. Quatre-vingt-trois exercices sur la mesure à trois temps.
Chap. XXVIII. Vingt-trois exercices sur la mesure à six-huit.
Chap. XXIX. Seize exercices mêlés de doigtés, formant la récapitulation.
Chap. XXX. Cent quinze exercices particuliers pour les élèves qui se destinent au piano.
Chap. XXXI. Cent cinq exercices particuliers pour les élèves qui veulent apprendre la guitare.

TROISIÈME PARTIE.

OBSERVATIONS
Sur les erreurs, préjugés et fausses opinions en fait de musique.

Chap. XXXII. Du son.
Chap. XXXIII. De l'écho des instrumens, répondant à la voix.
Chap. XXXIV. Des vibrations.
Chap. XXXV. Du caractère respectif des degrés de la gamme.
Chap. XXXVI. Du caractère particulier des degrés de la gamme.
Chap. XXXVII. Prestige des tons.

Chap. XXXVIII. De la multiplicité des mesures.
Chap. XXXIX. De la multiplicité des clefs.
Chap. XL. Du dièze, du bécarre et du bémol.
Chap. XLI. Fausses dénominations du *mi* dièze et *si* dièze pour *mi* et *si* naturels.
Chap. XLII. Du prétendu caractère particulier des dièzes et des bémols.
Chap. XLIII. Sur l'inconvénient des noms des silences.
Chap. XLIV. Du porte-voix.
Chap. XLV. Du double-dièze employé devant une note naturelle, et de la nécessité d'un double-bécarre.
Chap. XLVI. Sur les ensembles de six-pour-quatre et de cinq-pour-quatre.
Chap. XLVII. De la barre de répétition.
Chap. XLVIII. Du *piqué* long et rond.
Chap. XLIX. Des fautes d'orthographe musicale.
Chap. L. De quelques erreurs en fait de musique.
Fausseté prétendue des instrumens à cordes et de la voix.
Confusion de l'exécution sur les instrumens avec la connaissance de la musique.
Du défaut d'aplomb.
CONCLUSION.

GRAMMAIRE MUSICALE

ET

MÉTHODE POUR LA GUITARE,

PAR M. DU BOULLEY.

Ce théoricien distingué s'est fait connaître dans le monde musical par des compositions du plus grand mérite. Il s'est rendu populaire par des mélodies faciles et agréables. Mais ce qui lui fait le plus d'honneur, ce sont ses ouvrages sur l'enseignement de la musique. Sa grammaire peut être placée au rang des meilleures méthodes destinées à former l'éducation musicale des enfans qui ont ordinairement tant de peine à comprendre les premiers principes de l'art. Sa méthode pour la guitare est reconnue la plus claire et la plus simplifiée. Avec elle, on peut apprendre à s'accompagner et à jouer de petits morceaux, sans le secours d'aucun maître.

(*Extrait de la* FRANCE MUSICALE, *journal paraissant le jeudi et le Dimanche, sous le patronage des* CÉLÉBRITÉS MUSICALES *de la France et de l'Étranger.* 1re *année,* n° 18. *Dimanche* 29 *Avril* 1838.)

MUSIQUE ÉLÉMENTAIRE.

MÉTHODE COMPLÈTE
ET TRÈS SIMPLIFIÉE
POUR LA GUITARE.

Prix : 15 fr. — Chez RICHAULT.

En rendant compte de cet ouvrage, le savant rédacteur de la *Revue musicale* s'exprime ainsi :

« La guitare est, de tous les instrumens, celui qui a éprouvé le plus de révolutions depuis vingt ans, et conséquemment celui pour lequel les ouvrages élémentaires ont dû se multiplier le plus. Après les développemens qu'il avait acquis entre les mains de Carulli, sont venues les difficultés imaginées par Sor; d'autres viendront probablement qui agrandiront encore son domaine. M. Aubéry du Boulley n'a pas eu cette prétention; mais il a donné, dans un cadre assez resserré, tout ce qu'il est nécessaire de savoir pour bien jouer de l'instrument qu'il professe. »

(*Revue musicale*, 4ᵉ volume, 23ᵉ livraison, page 598).

MUSIQUE DRAMATIQUE.

LES AMANS QUERELLEURS,
OPÉRA EN UN ACTE.

Les airs détachés de cet opéra, avec accompagnement de piano et de guitare, se trouvent chez Richault.

MUSIQUE MILITAIRE.

COLLECTION D'HARMONIE MILITAIRE,
D'UNE EXÉCUTION FACILE ET BRILLANTE,
A L'USAGE DES MUSIQUES DE PROVINCE,

Contenant 66 morceaux publiés en 11 livraisons.

Prix de chaque livraison : 12 fr. — Chez RICHAULT.

En rendant compte des deux premiers recueils de cette collection, le *Courrier Français*, dans son numéro du 24 février 1829, s'exprime ainsi :

« Des chants neufs et heureux, une harmonie élégante et facile, distinguent cette collection. L'auteur n'a point suivi la route tracée par ses devanciers, qui, pour la plupart, ont composé leurs morceaux pour de forts musiciens ; M. du Boulley, destinant sa collection aux musiques des Gardes nationales, a dû nécessairement rendre ses partitions à la fois brillantes et faciles ; il a dû surtout ménager les secondes clarinettes, qui sont toujours les parties les plus faibles dans les musiques militaires de province. L'auteur de cette collection a ajouté une troisième partie de clarinette, très facile, qui le met à même de rendre son harmonie plus fournie, et qui donne au chef de musique l'avantage de faire entendre ses jeunes élèves, de tirer parti de leur talent naissant, et d'exciter leur émulation sans nuire à l'effet général. Cette innovation sera sans doute imitée. »

MUSIQUE VOCALE.

Chez Mme JOLY, rue de Seine.

ROMANCES AVEC ACCOMPAGNEMENT DE PIANO.

La Plainte, paroles de M. Hinard.	Prix : 1 fr. 50 c.
Le Serment d'amour, paroles et musique.	1 50
Le Champ d'asile, paroles de M. J. J. C.	1 50
La Patrie et l'honneur, paroles du même.	1 50
L'Amour et l'honneur, paroles et musique.	1 50
Les Enfans de la France, paroles de M. Béranger.	1 50
Couplets sur la Cabane de Clichy, paroles de M. Gouriet	1 50
Les Souvenirs du peuple, paroles de M. Béranger.	1 50
Les deux Grenadiers, paroles du même.	1 50

ROMANCES AVEC ACCOMPAGNEMENT DE GUITARE.

La Plainte.	75 c.
Le Serment d'amour.	75
Le Champ d'asile.	75
La Patrie et l'honneur.	75
Les Enfans de la France.	75
Couplets sur la cabane de Clichy.	75
Les Souvenirs du peuple.	75
Les deux Grenadiers.	75
Romance de Gonzalve, paroles de Florian.	75
Couplets à Zélie, paroles et musique.	75
Passez votre chemin, paroles de M. Antignac.	75
La Vieillesse, paroles de M. Béranger.	75
Le Petit comité, paroles de M. Darde.	75
Vive la musique et le vin, paroles du même.	75

L'Amour et l'amitié, paroles de Demoustier.	75 c.
Romance d'Estelle, paroles de Florian.	75
Le Désir, paroles de ***.	75
A Sylvie, paroles de ***.	75
Les Infortunes de Lison, ronde de ***.	75
Les Oiseaux de Sylvie, paroles de ***.	75
Désespoir d'Arianne, paroles de Demoustier.	75
Hymne à l'amour, paroles de ***.	75

—o—

Chez MATHIEU, marchand d'instrumens, rue de Richelieu.

ROMANCES AVEC ACCOMPAGNEMENT DE GUITARE.

Trinquons, chanson de table par M. Béranger.	75 c.
Le Printemps et l'automne, paroles du même.	75
Hymne à Bacchus, paroles de M. Léon de la Mothe.	75

—o—

Chez MEISSONNIER, rue Dauphine, n° 22.

ROMANCES AVEC ACCOMPAGNEMENT DE GUITARE.

L'Indifférence, paroles de M. Léon de la Mothe.	75 c.
Le Baiser d'Adieu, paroles de M. Justin Gensoult.	75
Mon cœur et toi, paroles de M. le Prévost d'Iray.	75

—o—

Chez JANET et COTELLE, rue de Richelieu, n° 92.

ROMANCE.

Le Castel de St-Ange, avec accompagnement de piano.	3 fr. »
La même, avec accompagnement de guitare.	1 »

—o—

Chez LAUNER, successeur de Carli, boulevard Poissonnière, 14.

ROMANCES AVEC ACCOMPAGNEMENT DE PIANO.

Isnel à Asléga, paroles de Parny.	1 fr. 50 c.
On ne dort plus, paroles de Dusolchoy.	1 50
Le Torrent, paroles de Millevoye.	1 50
L'Absence du guerrier, paroles de M. Léon de la Mothe.	1 50
Les mêmes, avec accompagnement de guitare.	75

—o—

Chez LEMOINE, rue Dauphine, n° 32.

ROMANCES AVEC ACCOMPAGNEMENT DE PIANO.

Les Regrets superflus, paroles de M. Ernest.	1 fr. 50 c.
Le Troubadour, paroles du même.	1 50

CATALOGUE.

Les Adieux à Salins, paroles du même. 1 fr. 50 c.
Les mêmes, avec accompagnement de guitare. 75

—o—

Chez Simon RICHAULT, boulevard Poissonnière, n° 16.

ROMANCES AVEC ACCOMPAGNEMENT DE PIANO.

Les Adieux à Zélie, paroles de M. P. 1 fr. 50 c.
Doux Rossignol, paroles du même. 1 50
Le Regard, paroles de M. A. D. 1 50
La Neustrienne, paroles de M. Darde. 1 50
Le Coq, paroles du même. 1 50
Les mêmes, avec accompagnement de guitare. 75

MUSIQUE INSTRUMENTALE.

Chez Mme JOLY, rue de Seine.

Œuvres.		fr.	c.
1.	Trois Sonates très faciles pour le piano, à l'usage des commençans.	6	»
2.	Recueil de Contredanses et Valses pour 2 guitares.	3	50
3.	Marches et Pas-Redoublés à l'usage des musiques militaires.	3	»
4.	La Bataille de Montmirail, pour le piano, avec accompagnement de basse *ad libitum*.	5	»
5.	Sérénade pour deux flûtes, deux clarinettes et deux bassons.	9	»
6.	Premier Recueil de Marches et Pas-Redoublés arrangés pour le piano.	5	»
7.	Fantaisie pour piano et flûte.	6	»
8.	Deuxième Recueil de Marches et Pas-Redoublés arrangés pour le piano.	5	»
11.	Trois Quatuors pour deux flûtes, violon et basse.	9	»
12.	Polonaise variée pour piano et violon.	6	»
13.	Trio concertant pour piano, flûte et cor.	6	»
14.	Duo concertant pour piano et cor.	6	»
15.	Trois Sonates concertantes pour piano et cor.	6	»
16.	Fantaisie pour piano et flûte.	6	»
17.	Caprices pour piano, flûte et cor.	6	«
18.	Sérénade pour piano, flûte et basson.	6	»
19.	Tyrolienne variée pour le piano, avec accompagnement de flûte et basse.	6	»
20.	Deux Sonates concertantes pour piano, flûte et cor.	6	»
21.	Trois Rondos concertans pour piano, flûte et basson.	6	»
22.	Sérénade en sons harmoniques pour guitare seule.	3	c

CATALOGUE.

Chez MEISSONNIER, rue Dauphine, n° 22.

Œuvres.		fr.	c.
9.	Deux Sonates pour guitare, avec accompagnement de violon.	4	50
10.	Deux Duettos faciles pour deux guitares.	3	»

—o—

Chez Simon RICHAULT, boulevard Poissonnière, n° 16.

Œuvres.		fr.	c.
23.	Second Quadrille de Contredanses, pour guitare seule.	2	50
24.	Première Sérénade pour guitare et violon.	4	50
25.	Quatre Rondos pour guitare seule.	2	50
26.	Seconde Sérénade pour guitare et violon.	4	50
27.	Sérénade en sons harmoniques pour guitare seule.	3	»
28.	Troisième Sérénade pour guitare et violon.	4	50
29.	Trio pour guitare, violon et basse.	4	50
30.	Quatrième Sérénade pour guitare et violon.	4	50
31.	Duo concertant pour piano et guitare.	6	»
32.	Trio pour piano, flûte et guitare.	4	50
33.	Sextuor pour flûte, clarinette, violon, alto, basse et guitare.	6	»
34.	La Retraite française, fantaisie en sons harmoniques, pour guitare seule.	2	»
35.	Premier et deuxième Quadrilles de Contredanses pour piano et guitare.	6	»
36.	Troisième Quadrille *idem*.	3	50
37.	Troisième fantaisie en sons harmoniques, pour guitare seule.	2	50
38.	Duo facile pour piano et guitare.	5	»
39.	Troisième Quadrille de Contredanses et Valses, pour guitare seule.	3	75
40.	Trio pour guitare, violon et alto.	6	»
41.	La Partie de chasse, fantaisie imitative en sons harmoniques, suivie de deux autres fantaisies et de l'air, *au clair de la lune*, varié pour guitare seule.	4	50
42.	Méthode complète et simplifiée pour la guitare, avec laquelle on peut apprendre à s'accompagner et à jouer de petits morceaux, sans le secours d'aucun maître.	15	»
43.	Nouvelle retraite espagnole pour guitare seule.	3	»
44.	*Les Amans querelleurs*, Opéra-Comique, en un acte, arrangé en quatuor pour flûte, violon, alto et basse.	12	»
45.	Collection de pièces d'harmonie militaire, contenant soixante morceaux, publiée en dix livraisons et dédiée aux gardes nationales de France. Première livraison.	12	»

Œuvres.		fr.	c.
46.	Troisième Duo pour piano et guitare.	6	»
47.	Deuxième livraison de la collection de pièces d'harmonie militaire, dédiée aux gardes nationales.	12	»
48.	Grande Sérénade pour deux violons, alto, basse, flûte, deux clarinettes, deux cors et basson.	9	»
49.	Troisième livraison de la collection d'harmonie militaire, dédiée aux gardes nationales.	12	»
50.	Duo concertant pour deux guitares.	5	»
51.	Quatrième livraison de la collection d'harmonie militaire, dédiée aux gardes nationales.	12	»
52.	Quatrième Duo pour piano et guitare.	6	»
53.	Cinquième livraison de la collection d'harmonie militaire, dédiée aux gardes nationales.	12	»
54.	Sérénade en trio, pour violon, piano et guitare.	6	»
55.	Sixième livraison de la collection d'harmonie militaire, dédiée aux gardes nationales.	12	»
56.	Sérénade en quatuor, pour flûte, violon, piano et guitare.		
57.	Septième livraison de la collection d'harmonie militaire, dédiée aux gardes nationales.	12	»
58.	Ouverture des *Amans querelleurs*, à grand orchestre.	9	»
59.	Huitième livraison de la collection d'harmonie militaire, dédiée aux gardes nationales.	12	»
60.	Cinquième Sérénade pour guitare et violon.	4	50
61.	Neuvième livraison de la collection d'harmonie militaire, dédiée aux gardes nationales.	12	»
62.	Recueil de Contredanses et Valses pour guitare et violon.	4	50
63.	Dixième livraison de la collection d'harmonie militaire, dédiée aux gardes nationales.	12	»
64.	Sixième Sérénade pour violon et guitare.	4	50
65.	Trio pour flûte, clarinette et basson.	4	»
66.	Deuxième quatuor pour piano, flûte, violon et guitare.	7	50
67.	Cinquième Duo pour piano et guitare.	6	»
68.	Harmonie à grand orchestre, composée pour être exécutée aux messes militaires et particulièrement à la messe Sainte-Cécile; dédiée aux gardes nationales de France, *onzième recueil*.	12	»
69.	Septuor pour violon, alto, basse, flûte, clarinette, cor et guitare *(ad libitum)*.	7	50
70.	Quatrième et cinquième Quadrilles de Contredanses, pour piano et guitare.	6	»
71.	Tyrolienne, Polonaise et Boléro, pour guitare seule.	4	50

CATALOGUE.

Œuvres.		fr.	c.
72.	Troisième quatuor pour piano, flûte, violon et guitare.	6	»
73.	Trois Valses et un Andante pour guitare seule.	3	50
74.	LES SOUVENIRS, *quatuor romantique*, pour piano, flûte, violon et guitare.	9	»
75.	Second Recueil de Contredanses pour deux guitares.	5	»
76.	Quintetto pour piano, flûte, violon, contr'alto ou basse et guitare.	9	»
77.	Troisième Recueil de Contredanses pour deux guitares.	4	50
78.	Sérénade pour guitare et piano, sixième Duo.	6	»
79.	Romance, Polonaise et Pas-Redoublé pour guitare seule.	4	50
80.	Cinquième Quatuor pour piano, flûte, violon et guitare.	7	50
81.	Sérénade en trio pour piano, guitare et contr'alto ou basse.	6	»
82.	Sérénade en quatuor pour piano, flûte, guitare et contr'alto ou basse.	7	50
83.	Premier Recueil de fanfares pour trois clairons en si ♭, un buccin, un trombonne et caisse à timbre, à l'usage des musiques de Voltigeurs des gardes nationales.	5	»
84.	Second Recueil de fanfares, *idem*.	5	»
85.	Troisième Recueil de fanfares, *idem*.	5	»
86.	Recueil de six Marches et Pas-Redoublés, à l'usage des musiques de cuivre, composés pour trois bugles, un cornet à pistons, deux clairons, deux cors, un ophicléide alto, deux ophicléides basses, deux buccins, trois trombonnes et caisse en cuivre à timbre, dédiés aux gardes nationales de France.	12	»
87.	Grande Sérénade pour flûte et guitare.	6	»
88.	Duetto facile pour flûte et guitare.	3	75
89.	*Enfantillage*; Rondo pour cornet à pistons, petite flûte et piano.	4	50
90.	*Bacchanale*, Pas-Redoublé à grand orchestre militaire à l'usage des musiques des gardes nationales, et composé pour les réunions de la Société philharmonique.	6	»
91.	*Le Guerrier*, Pas-Redoublé à grand orchestre, à l'usage des musiques des gardes nationales, et composé pour les réunions de la Société philharmonique.	6	»

Œuvres. | fr. c.

92. *Le Dialogue*, Pas-Redoublé à grand orchestre militaire, à l'usage des musiques des gardes nationales, et composé pour les réunions de la Société philharmonique. — 5 »
93. Huit Valses pour cornet à pistons, avec accompagnement de trombonne ou ophicléide *(ad libitum.)* — 4 50
94. *Bluette* sur le motif d'une Barcarole composée par madame Aglaé de Corday, et arrangée pour flûte et guitare. — 4 50
95. *Le Jovial*, Pas-Redoublé à grand orchestre militaire, à l'usage des musiques des gardes nationales, et composé pour les réunions de la Société philharmonique. — 5 »
96. Cantate avec chœur et accompagnement d'orchestre militaire, composée pour les réunions de Sainte-Cécile, paroles de M. Darde. — 6 »
97. Sérénade pour bugle et cornet à pistons — 5 »
98. *La Brouille et le Raccommodement*, Pas-Redoublé à grand orchestre militaire, à l'usage des musiques des gardes nationales, et composé pour les réunions de la Société philharmonique. — 5 »
99. Contredanses pour cornet à pistons, trombonne et ophicléide. — 5 »
100. *Un Souvenir*, Pas-Redoublé à grand orchestre militaire, à l'usage des musiques des gardes nationales, composé pour les réunions de la Société philharmonique. — 4 50
101. Marche pour défiler, composée à l'usage des musiques des gardes nationales et pour les réunions de la Société philharmonique. — 4 50
104. Recueil de contredanses pour le piano, avec accompagnement de cornet à pistons. — 6 »
105. Sérénade pour cornet à pistons, bugle, trombonne et ophicléide. — 4 »
106. *Les Caquets*, pas-redoublé à grand orchestre militaire, à l'usage des musiques des gardes nationales, et composé pour les réunions de la Société philharmonique. — 5 75
107. Trois fantaisies pour guitare seule. — 6 »
110. Recueil de contredanses pour le piano, avec accompagnement de cornet à pistons, flûte, violon et guitare. — 6 »
112. Six valses faciles et doigtées à l'usage des commençans. — 6 »

CATALOGUE. 61

Œuvres. fr. c.

113. *Le Gracieux*, pas-redoublé à grand orchestre militaire, à l'usage des musiques des gardes nationales, et composé pour les réunions de la Société philharmonique. 4 50
115. Recueil de valses pour deux guitares faisant suite à la méthode. 6 »

—o—

Chez GAMBARO,

Éditeur du *Journal de musique militaire*,

DÉDIÉ AU ROI,

AUTORISÉ PAR LE MINISTRE DE LA GUERRE,

Pour l'usage des musiques des troupes de ligne,

ET COMPOSÉ

PAR MM. AUBÉRY DU BOULLEY, BEER, BOUSQUET, BREP-SANT, LOUIS, MOHR, MUNCHS, VACKER,

Rue des Vieux-Augustins, n° 18, à Paris.

(*Une livraison de* 8 morceaux tous les 3 mois.—*Prix par an* : 32 *fr.*)

Œuvres. fr. c.

102. *L'Orage*, pas-redoublé caractéristique, à l'usage des musiques des troupes de ligne, composé pour les réunions de la Société philharmonique, et publié dans le *Journal de Musique militaire*, dédié au Roi. 6 »
 (*Année* 1837. — 3me *livraison.*)
103. *Vive la Musique et le Vin*, pas-redoublé, *idem.* 6 »
 (*Année* 1837. — 4me *livraison.*
108. *Le Réveil*, pas-redoublé, *idem.* 4 50
 (*Année* 1838. — 1re *livraison.*)
109. *La Sérénade*, pas-redoublé, *idem.* 4 50
 (*Année* 1838. — 2me *livraison.*)
111. *Le Rêve*, rondo fantastique, pour instrumens à vent, exécuté à la réunion philharmonique d'Évreux, par deux cent cinquante musiciens; réduit à vingt parties, et publié dans le *Journal de Musique militaire*, à l'usage des musiques des troupes de ligne. 6 »
 (*Année* 1838. — 3me *livraison.*)
114. *Le Voyage*, pas de route, *idem.* 4 50
 (*Année* 1838. — 4me *livraison.*)